U0009424

LOCUS

LOCUS

LOCUS

LOCUS

from

vision

from 133
文壇生態導覽
作家新手村 2 心法篇

作者：朱宥勳
責任編輯：林盈志
封面設計：林育鋒
內頁排版：江宜蔚
校對：呂佳真
出版者：大塊文化出版股份有限公司
台北市 105022 南京東路四段 25 號 11 樓
電子信箱：www.locuspublishing.com
讀者服務專線：0800-006689
電話：(02) 87123898　傳真：(02) 87123897
郵撥帳號：18955675　戶名：大塊文化出版股份有限公司
法律顧問：董安丹律師、顧慕堯律師
出版者保留所有相關權利，侵害必究

總經銷：大和書報圖書股份有限公司
地址：新北市新莊區五工五路 2 號
電話：(02) 89902588　傳真：(02) 22901658

初版一刷：2020 年 9 月
定價：新台幣 350 元
ISBN：978-986-5549-04-6
Printed in Taiwan.
All rights reserved.

文壇生態導覽

作家新手村② 心法篇

Navigating the Literary World

Writers' Novice Village 2

朱宥勳
Chu Yu-hsun

推薦序

在完整地圖解鎖之前

李屏瑤

《仙劍奇俠傳》是我人生第一個沉迷的遊戲，當時的電腦應該是龐大的486主機，開機就需要一段時間，至於遊戲的畫質跟解析度，完完全全是時代的眼淚。玩家藉由主角李逍遙的視角，學劍求仙、斬妖除魔，在花花世界遊歷了一遭。

多年後我看見ptt上有一則笨版貼文，談自己的遊戲經驗，此篇被傳頌萬千，原貼文者最後被尊稱為「十里坡劍神」。沒有玩過《仙劍奇俠傳》的人，可能不太懂此文的奧妙。十里坡位於遊戲初始的村莊外，玩家因為找不到出發的船，一直沒有成功觸發遊戲點，誤以為村莊這區域就是遊戲的全部。於是玩家每次開遊戲，就到十里坡努力打怪，等到發現有船可搭，已經在初始區域練到七十一級、練成了「劍神」。

在讀《文壇生態導覽》時，我突然想起十里坡劍神的故事。如果在起步之前，或是在困頓之時，能夠先讀過理想的攻略／導覽書，也許不必要的損傷會小一點。

小時候出門郊遊都要提前一天收包包了，何況是考慮一場終生的志業？

我從二〇一一年開始獨立接案，範圍挺廣，寫採訪、接文案，也一邊寫劇本跟小說，第一版本名片的稱謂是「文字工作者」。相較起許多早慧的作者，我出版第一本書《向光植物》已經是二〇一六年的事，剛過三十歲。當時的總編輯夏民對我說，他覺得三十歲之後才出書是好事，雖然稍晚，但人會比較成熟。

我不知道三十歲後才出書的自己有沒有比較成熟，優勢是，好歹出過社會，遇過一些難解之事，知道組織裡的無所施力。從組織離開，成為個人接案者後，在生涯各種明面暗面的擦撞中，能夠努力避免折損到自身的核心，讓書寫繼續。

總之，在出書前我有過幾年時間，能夠用採訪者的角度觀察各種現場。場合眾多，也許是一對一的人物專訪，也許是擔任對談紀錄，或者是公開座談、書展現場。偶爾還會想起一些令人印象深刻的創作者，他們漸漸不再寫了。近似於宥勳在《作家生存攻略》裡的提到的，他一路見過幾十位秀異有才華、橫跨不同世代的創作者，可能另有人生規劃，或是被俗務所拖磨，最後沒能繼續寫作。

不再寫的原因我未能確知，我嘗試打撈一些片段。例如剛出版第一本書的作者，很緊張地跟我說，他覺得文壇很可怕。或者有個更常出現的提問：文壇到底是什麼？也有一個作者，認為新書發表會結束後，好像就結束了，書就跟丟進深井的小石頭一樣。或者是，另一個新作者，告訴我他天天都會Google自己的名字好幾次，想知道大家都怎麼討論他。

以前我會安慰對方，沒有文壇。你所恐懼之物，比較像是都市傳說。

後來我慢慢發覺，欸，好像有。但這個壇並非想像中的虛無飄渺，而是一個看似扁平、卻又立體，像是一個橫看成嶺側成峰的組織圖。宥勳在書中有段精準的歸納：

「從社會學的角度，我看到了一個確實存在的社會場域。這個社會場域有自己的物質基礎，有自己的組織慣性，有自己的意識形態，也當然有在這些結構裡面，努力求存或掠奪資源的人。文壇生態看多了之後，就會明白：作家不過是一種職業，並不特別玄妙或抽象，只是這些『從業人員』通常喜歡含糊其詞，才讓外人霧裡看花。」

倘若早點有這本書，在已經過去的許多難以深入談話的現場，我便可以推薦給慌亂的寫作者。讓他們更理解「作家」這個職業，應該可以降低一些轉職率，少去許多無謂的碰撞。

此書是給正在初始台地的新手們，關於未來地圖的揭示。遊戲剛起步，許多區域尚未解鎖，至少可以看出版塊的雛形。憑藉著這場導覽，新手們可以知道旅途的可能方向，往某處走有路，或者是此處可轉彎，而非東南西北不堪行。

至於書中提到的生態，我想簡單補充一些女性視角（當然又不完全那麼女性，畢竟以我的外型已經避開了一些狀況），作家是一個職業，在職場中會遇到各形各色的人，可能會聽到奇怪的傳聞，或是遭逢某些難以脫身的情勢。創作者當然不乏性情特異之人，作家就是一個職業的選項，若遇奇人，那是性格問題，不用冠以作家的光環。在一般社會中該開啟的警覺心跟判斷力，請記得還是要開啟。

看了再多攻略跟導覽，就像看遊戲直播，最重要的，還是自己下海走一遭的體驗。在某些人眼中這個生態可能像是《飢餓遊戲》，即便如此，你也需要理解遊戲邏輯，原著告訴我們的其中一個啟示是，不能將所有人視為敵人，你需要真正的朋友。我也見過將文壇視為一切，眼裡只看得見長輩跟資源，睥睨同輩之人。我不覺得那是唯一解，規則也不見得如此單一，只能說，祝福。

我其實很欽佩十里坡劍神的毅力，他把單一技巧跟空間玩到極致。面對未知的地圖，每個人有每個人的玩法。除了傳統的ＲＰＧ世界，現在更多的是像《薩爾達傳說》那樣的開放空間，任務在走，升等規矩也有，但你依舊可以拋開主線，去做你覺得新奇有趣的探險。

我也還記得玩《最後生還者》的過程，最感動的一幕是走在荒蕪的鬼鎮，抬頭看見非常美的夕陽。

創作終究是很個人的事，初始的武器，不，應該說，直到最後，你的武器就是你的文字。以文字前進補血加心升等，文字是你立足的一切。請抱持初心，活到最後。

推薦序

文學也是一門生意，而你責無旁貸應該升官發財

胡采蘋

這本書真是太好看了，我邊看邊哈哈大笑。我多次向別人提及，朱宥勳簡直就是一個賣文學的生意人，這套書再一次證明這件事情。

我對文學只能說是外行，但卻看了很多日本小說，尤其是直木賞和芥川賞的作家。在許多描述作者與編輯關係的電影或日劇中，我隱約窺見那是一個有序的文學產業機制，直木賞、芥川賞只是其中一環，整個產業機制穩定向市場供應高質量的作品，養成了龐大的讀者群。可以想見，日本成名作家的生活品質，會比台灣作家好上不少。

這就是「產業化」的差別。華人社會受到儒家教育的影響，講到讀書人的詞語幾乎都很窮酸，安貧樂道、不為五斗米折腰、十年寒窗無人問，生活已經夠慘，文人之間還彼此相輕，最是負心讀書人。當一個文學家好像生活注定很窮，還要被同行討厭，終究走向心理變態的道路（笑）。到底誰想要過這種生活呢。

時序進入現代，事實上，行動網路的發展拆解了大眾媒體的影響力，懂得溝通的人才是這個時代的決定者。大量新型內容透過手機傳送給每個個人，網路貼文、搞笑影片、推播訊息，內容產業到了百花齊放的時代，一個短篇貼文或者一個迷因圖，所能發揮出的病毒傳播效應，才真正是洛陽紙貴，一字千金。

無論在政治上、在商業上、在各種領域，數位內容的重要性與日俱增，而懂得用內容溝通的人，就掌握了下一個世代的傳播權力。喜愛文學的你，當然是其中最有機會的人。我在中國生活十年，前六年是財經新聞記者，然而後四年卻因為行動網路的革命，成為了數位事業部門的主管，這是真實發生在我身上的轉變。

這也是我喜歡朱宥勳的原因，他非常缺乏一個傳統儒家讀書人的窮酸氣息，深知文學也可以是一門生意。我非常著迷於他告訴我的一切生意經，沒想到現在他把這些生意經系統化的整理出來，幫助每一個人瞭解，如何將對文學的喜好發展成一門生意。你可以選擇成為一個作家，或者有更多元化的事業可以經營，未來無限。

宥勳將這套書寫得像是一本電玩通關密笈，從最基礎的文學入門工作開始細談，你該怎麼「踏入文學這一行」，該如何計算自己的薪水，怎麼安排自己的工作，去哪裡找尋客戶與現金流來源。這套書讓一個喜歡寫作的人，能夠系統化的理解，該怎麼將單純的寫作喜好，轉化為一部「職場機器」，精益求精，更上層樓。從技術層面到心態準備，幾乎是一部文學產業分析了，書中的舉例尤其讓人哈哈大笑，帶有宥動個人對台灣文壇的針砭，那也是一種文學評論。

我是一個資深的財經內容主編，在財經新聞中，有一種「職場分析」是深受讀者歡迎的文類，例如「建立你的人脈存摺」、「如何爭取加薪」、「怎麼向上管理」，這類問題幾乎是點閱率保證，因為每個人都渴望在職場中更上層樓。這套書在我眼中，就像是一份「文學天分者的職場分析」，是完全合格的財經報導，我希望它也能受到歡迎，因為我並不那麼認同每個人都要活得川端康成、芥川龍之介。事實上我相信善於文學者，能在下一個世代的每個領域發光。

內容永遠打動人心，而你得有更豐富的生活資歷，才能不斷深入人心，獲得共鳴。現在就開始吧，各位作家。

目錄

推薦序：在完整地圖解鎖之前（李屏瑤）……5
推薦序：文學也是一門生意，而你責無旁貸應該升官發財（胡采蘋）……11
前言——如果在地雷區，一場生態導覽……21
一、作家的進化表 25
1——作家的進化表（〇）：框架概述……26
2——作家的進化表（一）：文藝青年……32

3 ── 作家的進化表（二）：新秀作家……37
4 ── 作家的進化表（三）：青壯作家……42
5 ── 作家的進化表（四）：資深作家……49
6 ── 作家的進化表（五）：文壇大老……55

二、文學人意識形態 59

7 ── 文學人意識形態：文學VS政治……60
8 ── 文學人意識形態：純文學VS通俗文學……69
9 ── 文學人意識形態：創作優先……77
10 ── 文學人意識形態：原創性……87

11 ——文學人意識形態：情感優於理性……96
12 ——文學人意識形態：必須負面……106

三、文學人幻覺圖鑑 117

13 ——文學人幻覺圖鑑：懷才不遇……118
14 ——文學人幻覺圖鑑：邊緣……128
15 ——文學人幻覺圖鑑：靈感……135
16 ——文學人幻覺圖鑑：封殺……142

四、排雷指南 151

17——文學的可能性：政治正確VS創作自由……152
18——「從缺」滿足了誰的矜持？……160
19——他們不知道發光的是什麼：關於「創作所」的一些事……167
20——如果只是排行榜就好了：主編文學選集的眉角……175
21——文學獎是補給站，不是里程碑……185

五、火堆夜談 193

22——文學營隊是寫作路的跳板嗎？……194

23——想寫作的人，大學該怎麼選系？ 200
24——寫作者的「過年親戚應對指南」 208
25——文學創作者的基本狀況調查 217
後話——文壇的「軌道」與「轉轍器」 275

前言——如果在地雷區，一場生態導覽

二〇一〇年，我出版了自己的第一本書，至今差不多十年了。在這十年裡，我從一個夢想成為作家的小文青，幸運地成為一個真的靠文學過活的人。

我還記得剛出書時，有位朋友問我：「成為作家之後，有什麼不一樣的感覺嗎？」我仔細地想了一輪，老實回答：「好像沒有耶。」沒有某些文藝電影裡面幻想的那種戲劇性爆紅，也沒有瞬間就多出一班談吐高雅的文友，當然更沒有什麼讀者追捧或狂粉糾纏。我還是在研究所的課堂上趕報告，焦慮論文寫不出來。而我念的正是台灣文學研究所，一個研究台灣作家的地方。每當我讀前輩作家的資料時，都不禁想：你們第一次出書的時候，也跟此刻的我一樣，對於「作家」這個新身分，清淡到近乎沒有實感嗎？真的有「文壇」這麼一個地方嗎？如果我出了書，都還感受不到它的存在，會不會它其實根本不存在呢？

十年後的現在，我當然知道了：事情不是我當時想的那樣。「作家」這個身分，和「文壇」這個場域，都是紮紮實實地存在的。只是當時的我，還沒有足夠的經驗去辨識出來。

朋友的問題，成為這十年來的一根指針，時時懸在我的念頭裡。於是，我開始把自己遇到的、知道的所有跟文學相關的人、事、物，都當作一種「田野」，觀察其生態、並暗暗歸納其中的規則。也正是因為隨時保有這個「問題意識」，並且抱持著一種社會科學式的好奇，我逐漸看到了許多隱藏在「業界」的行為、話語背後，真正的運作模式。

「文壇」並不像某些說話玄之又玄的寫作者宣稱的那樣，只是一個幻覺；從社會學的角度，我看到了一個確實存在的社會場域。這個社會場域有自己的物質基礎，有自己的組織慣性，有自己的意識形態，也當然有在這些結構裡面努力求存或掠奪資源的人。文壇生態看多了之後，就會明白：作家不過是一種職業，並不特別玄妙或抽象，只是這些「從業人員」通常喜歡含糊其詞，才讓外人霧裡看花。

這系列文章，就是我這幾年「以文壇為田野」的一些觀察結果。你手上的這本《文壇生態導覽——作家新手村 2 心法篇》談的是宏觀層次的文壇生態，它的結構、階級、意識形態與價值偏好；而另一本《作家生存攻略——作家新手村 1 技術篇》，談的則是個人層次的求生技術，作家們如何規劃自己的工作流程、如何應對進退。

在這本書裡，我不會談太多文學理論、寫作心法。我希望可以平實地告訴你，我看到的「文壇」是怎麼運轉的。以及，它如何吸引一代代的文學青年前仆後繼。

這是我用十年時間畫出的一份台灣文壇生態圖。它可能不盡完美，畢竟文壇還有很多我沒去過的角落、沒有權限看到的風景。但光是這十年的觀察，已足以讓我意識到，我們這些現在還在寫的人，是多麼誤打誤撞、是多麼幸運又或多麼不幸地，才闖入了這個地方。而許多中途折損的夥伴，並不是因為寫作才華不足，而是因為沒有掌握這個場域的邏輯，不小心就被排除出去了。

「文壇」最奇特的特徵之一，就是它宣稱的跟它實際所做的，往往會有很大的距離。比如說，文學人喜歡談「邊緣」、以「邊緣」為尚，但文壇本身作為一個社會場域，並不見得真的那麼能包容「邊緣」。許多作家也喜歡暗示「作家」這種職業的超然性和精神性，但作家的工作實際上並沒有什麼特殊之處——最特殊的一點，大概就是他們喜歡假裝自己很特殊吧。

但我這麼說，也並不完全是責怪他們。其實，我完全相信他們一片真心——很多文學人往往不會意識到自身的價值偏好，他們會十分誠懇地講出一些明顯違反事實、或者明顯自相矛盾的話。他們不是故意要騙人的，他們真的相信自己所說出的歪斜話語，因為他們的前輩就是這樣教他們的，所以他們會這樣教導晚輩。於是，一代代的文學新人也都會誤信類似的東西，終至讓「作家」成為一種他人眼中的奇特族類。

這種奇特，有時會讓作家們自我感覺良好，有時卻會造成不必要的社會屏障。

這本書，就是試著將「作家」外圍的形象拆掉，試著掌握其真正的本質。並且，將它還原成可理解的「職業」邏輯。我也希望在這樣的描述裡，可以幫助有志於寫作的人，去理解文壇運作常規，特別是那些隱而不說、高來高去的精神密碼。

相信我，如果你想成為作家，你會需要的。「文學人」這種生物十分難搞，很容易因為隨便一句話就認定「這個不是自己人」、「謝謝以後不用再聯絡」了。近幾年，人們流行用「玻璃心」來形容自尊容易受傷的人；如果套用這種比喻，文學人大概滿滿都是「地雷心」吧。而當每個文學人心裡面都安裝了幾百個雷點，他們彼此又都在一個小小的圈子裡面擠來擠去的時候……

前方險象環生，請先讓我充當你的生態導覽員吧。

一、作家的進化表

「文壇」存在嗎?當然,它不但存在,而且還有一套自己的階級系統。外人看來和樂融融,但身在其中的人,都明確知道自己正處在系統中的什麼位置。什麼等級的人可以出現在哪裡、會做什麼事情、有什麼目標、等級又如何劃定,都是非常清楚的。「作家的進化表」這一單元,就將用Pokémon的「進化」比喻,來把文壇內部的階級系統、職涯階序描述出來。

1——作家的進化表（〇）：框架概述

要進入「文壇」，首先就要理解：作家也是有「職涯」的。在《作家生存攻略——作家新手村1 技術篇》裡，我曾經談過許多作家的「職場」觀念。雖然那確實是我在文學圈東飄西蕩這幾年的體會，不過那些東西，其實也都適用於大多數的自由工作者（freelancer），並不是專屬於文壇的特色。然而從本文開始，我們會以一系列「作家的進化表」文章，來描述專屬於作家這一行的「職涯」。

你可以想像我們正在玩「Pokémon」這款遊戲，而「作家」就是其中一種口袋怪獸，有自己的進化路線。就像皮卡丘進化成雷丘、小拉達進化成拉達一樣，一名有志於文學事業的初心者，也會沿著某種階序一路進化。

文學社群的文化非常強調個人的自主性——創作者本身就需要一種非常自我中心、非常有表演欲的人格特質——，因此常常給人一個錯覺，彷彿創作者之間僅僅是「才華定高低、作品決勝負」。但事實上，文壇內部確實存在非常清楚的階層關係，而且每一位作家都心知肚明。雖然作家這一行沒有明確的「總經理」和「專員」這類職稱之別，但絕對不會有人搞錯朱天心和朱宥勳之間的差距。如果你去看跨世代的寫作者同台對談或評審，就可以看出蛛絲馬跡，「理論上」台前的講者都是平等的，但「事實上」大家發言的銳利程度和尊敬程度就是會有明確的落差。

談論這個主題，其實是有點禁忌的，它有點把業界的潛規則點破的味道，勢必將引起很多人的不快——畢竟在文學社群的文化裡，任何有一點排名或量化感的東西，都是褻瀆文學的舉動。但我還是決定寫出來，原因在於：我要講的這套「轉職表」，換到其他行業裡，根本稱不上什麼潛規則，只是正常的職業生涯發展階序而已。公務員有簡任官，也有薦任官；軍官有校級跟尉級；私人公司也會有主管和職員之別，獨獨只有文學社群喜歡對外假裝人與人之間沒有高低，對內卻又階級森嚴。

這樣的文化不但不誠實，而且有害。它會使得外人誤以為作家這一行是沒有前景、沒有發展性、沒有職業生涯的產業，這也連帶強化了很多過於悲觀（覺得寫作一定會餓死）或過於浪漫（覺得寫作就是要一出書就爆紅）的迷思。

但事實並非如此。除了少數例外，作家這一行跟其他行業一樣，也是有循序漸進的職涯發展過程的。

在「作家的進化表」這個系列裡，我建構了由低到高的五個位階：

1．文藝青年。
2．新秀作家。
3．青壯作家。
4．資深作家。
5．文壇大老。

這是一個概念化的模型，純粹是我從自己的經驗和觀察中整理出來的，它不見得有絕對嚴謹的學術意義。但我希望可以用這個模型，讓你建立一些基本的印象。它可以解釋傳統文壇的大多數運作邏輯，在這個基礎上，如果你遇到例外案例，也會比較容易辨識出它的特殊之處。

我定義這五個位階的方式，主要依照三個參數，即「狀態」、「目標」和「出沒場合」。「狀態」指的是某一階層的人，會符合哪些外顯條件。通常會用寫作的成果來區分。只要看到這些條件，你就知道他／她至少不低於某個位階。「目標」是指某一階層的人，透過自己的寫作或文學活動，所想要追求的成果。這通常可以解釋作家在某一階段何以會（或不會）做出某些事情。「出沒場合」指的是某一階層的人，能夠參與哪些文學活動、待在哪些位置。這些文學活動顯示了他／她被「圈內」認知的程度。

在我們接下來的討論裡，我們會先用傳統的文壇生態當作主軸，暫時不考慮網路和新媒體帶來的影響。雖然傳統的文學生態圈、出版社以及紙本刊物的影響力都被大幅削弱了，但它仍然是發展得比較完備的一套體系，從中我們可以看到比較清楚的升降邏輯。等到你掌握了這套邏輯之後，再回頭來看網路世代，也會發現很多行為模式其實殊途同歸，線上跟線下的差別並沒有一般人以為的那麼大。

除此之外，有幾個觀念是需要提醒的：

A・雖然大部分的作家都是循序往上爬的，但有些人可以快速跳級，有些人也可能起點就比別人高。**這些不見得跟直接的文學成就有關，有時是牽涉到文壇內部的偏**好，比如寫鄉土文學的就很容易竄得比寫運動文學的人快。

B・**作品好壞是非常重要的條件，但不是升級的唯一條件**。它主要是決定你的升級速度，你若才華稍微不如人，也會有其他面向可以彌補；反過來說，你就算才華驚人，被略微平庸的他人超車也完全是有可能的。

C・這個轉職表是向下涵攝的。也就是說，你如果身在第四階，你可能還是會出現在第二階或第三階的場合。所以我們判斷階層的方式，是取其「最高表現」，而不是取其「下限」。

D・在這個系統裡，所有的時間都不會白費。「跨領域」在文壇有非常強大的威力，你在其他領域獲得的經驗、人脈、資本和知識都可以「兌換」成文壇資源，因為文學寫作本質上是一種「賣經驗」、「賣內容」的工作。所以並不是只有純種的文學人才能寫作，如果你三十五歲以前都在做別的事情，之後投入寫作，可能反而比自幼就是文藝青年的人有更多元的資本。

框架概述到此為止，我們接下來就從最低位階的「文藝青年」開始看起。

2 ── 作家的進化表（一）：文藝青年

首先是「文藝青年」，這是整個產業鏈的最底層人力。

這裡的「文藝青年」定義比一般人所講的要嚴苛一點，並不是喜歡文學、藝術就可以了（當然也不是愛逛華山文創園區就可以）。由於我們談論的是「作家」這個行業，所以它的最基本條件，就是有在創作、並且至少投稿過一次，不管是投報刊還是文學獎都可以，也無論成敗。當然，這個位階並沒有年齡限制，一路混到文藝中老年了也是可以的。但就像職業運動的「選秀」一樣，當兩位選手展現出一樣的能力時，我們通常會更看重年輕的，因為他／她的未來性比較值得期待。

文藝青年的「狀態」是，雖然已經開始寫作了，但並不穩定。他／她基本上還沒出書，也還沒有太多正式發表作品的紀錄。如果他／她比較積極，可能會慢慢有一些文章發表在小型的媒體上、或者開始獲得一些文學獎，引起了小部分編輯、圈內人的注意。總而言之，這是一個幾乎什麼都缺、什麼都還在累積的起步狀態。

因此，他／她的「目標」也非常簡單，就是「獲得出書的機會」。為了出書，他／她可能會努力投稿文學獎，以此累積更高的知名度。也有些人會投稿到報紙副刊和文學雜誌——但通常成功率不高，因為這兩種媒體其實開給新人的空間非常小，遠比文學獎得獎困難。在寫作以外，他／她也可能參與或甚至籌組文學社團，包括校刊社、詩社、寫作協會等組織。他／她可能不見得有意識到這些文學活動有助於接近出書的目標，但由於文學社群本來就有大量的相關活動，他／她很容易被更高位階的作家所吸引，因而被吸納到相關的人際圈中，成為某種形式的人才庫。

比如說，林達陽長年參與高雄市的高中文學社團活動，他的作品魅力與個人魅力自然就會吸引一群喜歡他的文藝青年，群聚在這些社團當中，並且透過講座、營隊、文學獎等形式交流。久而久之，就會以林達陽為中心，形成一個小型的讀者社群。我們可以想像，如果林達陽有朝一日接任某一刊物的主編，那這些出身自高雄的文藝青年很自然就會成為他的寫手人才庫。或者這批人當中的秀異分子如果得獎、出書，自然也很容易以林達陽為諮詢對象，去延伸邀請推薦序、新書座談的站台作家——或者根本就是林達陽自己上。

類似的例子，還有環繞著東海大學中文系教授周芬伶的一個創作社群。這之中，就有楊富閔、包冠涵、周紘立、楊隸亞等人。你可以搜尋一下這些人的書，看看他們第一本書的推薦序、書評或相關文章當中，出現周芬伶的機會有多高。無論他們日後成就如何，他們在「文藝青年」這階段的社群位置是很鮮明的。

由此，你大概也多少可以想像他們的「出沒場合」了。這些文藝青年的活動範圍，多半是以學校為陣地的文學社團，少數會跨校（比如「風球詩社」或「想像朋友」），最少見的是脫離學校、直接因為興趣而結成的文學團體——並不是沒有，只是成人通常很難恆久聚會，沒有學校所提供的空間連帶。他們會隨著參與的年資，從普通社員一路分布到社長、顧問等幹部職，都有可能。

除此之外，他們也會以聽眾的身分，密集出現在營隊、講座、工作坊等場合。這些場合除了能讓他們了解更多文學知識和文壇慣習，也能橫向連結到同輩的文藝青年，找到這一路上的夥伴。

他們會持續性地投稿，從學校內的文學獎，逐步向上攻略到地方等級的各縣市文學獎，最後是全國等級的大型文學獎。基本上，如果他們想要成功地邁入第二階，那至少都要練到在校內文學獎可以探囊取物的水準，沒有辦法突破這個等級的話，基本上不是天分不夠就是努力不夠（一般來說是後者居多，因為這個等級真的沒有很難）。

扣除掉文學獎的作品發表，只有在很少數的情況下，你會有機會在報紙副刊或文學雜誌上看到他們的名字。大部分時候，這些作品的篇幅都很短，僅有數百字，也不會放在醒目的版面上。如果偶有較長的文章發表，通常會是「採訪」或「側記」——也就是為文學刊物進行個人性較低、需配合刊物企劃的功能性工作。在這種情況下，被採訪和被側記的人才是主角，工作性質類似於文字外包。**雖然如此，這已是文藝青年中最優秀、最被編輯認識的一群，才會擁有的機會了。編輯很少明說，但這種外包同時也是一種測試和培養；寫得好了，讓編輯把他／她列入可用之兵的名單，後面就會順遂多了。**

最後，「文藝青年」這個時期，堪稱作家轉職之路上最難的關卡。這個關卡刷掉的人最多，就算通過這個關卡的人，也通常會熬上一段漫長的時間。同時，這個時期也會是寫作者的文學知識、閱讀量增長最快的時期。因為工作的負擔相對輕，有足夠的時間自我充實，無論讀寫都可以投入驚人的心力。

不過這話也可以反過來說：你遇到一個在「文藝青年」階段的人，值得關注的不是他／

她宣稱自己有如何如何的文學想法，而是他／她日常的讀寫能量。如果連在這個階段都沒有超出常人數倍的努力，那就可以直接忽略他／她了，你不會在作家轉職之路上遇到這個人的。他／她不會是對手，也不會是夥伴。

因為長期帶營隊，我聽過數百人講過自己對文學的熱情和夢想。聆聽的當下，我當然不會潑任何人冷水，但我心裡很清楚，這裡面的人能夠撐到下一位階的大概不到百分之一。雖然結果上看來很困難，但通過這關的秘訣出乎意料的簡單，那就是擁有真正的熱情和夢想——我的意思是，擁有那種會讓你願意狂熱地閱讀、狂熱地書寫的，真正的熱情和夢想。這一關本身的難度並不高，完全是靠努力就能克服的，還不涉及天分或靈性之類無法強求的神秘領域。

如果連這點都做不到，那也確實是趁早離開會比較好。往後辛苦的事還多著呢。

3——作家的進化表（二）：新秀作家

接著，我們要進入第二階的「新秀作家」。從這一階開始，我們就正式進入了會得罪人的領域——因為我總是會需要舉例說明作家之間的高低。在此需要稍微說明，文中的所有判斷，都是「二〇二〇年」這個時點，從「我所知的資訊」、用「我自己的標準」做出來的，我會盡力說明我的標準（事實上，這系列文章的重點也應該在「標準」，而不在說明用的「案例」），而我對這些案例的判斷是否公允、可能有什麼樣的盲點，你可以自行評估。

以下，我們便繼續使用「狀態」、「目標」、「出沒場合」這個框架來討論「新秀作家」。

不到百分之一的人撐過了「文藝青年」階段，來到這裡。但他們將要成為的「新秀作家」，其實是另一個尷尬階段。「新秀」這個稱號，往往只有在很年輕時拿到會開心，接下來就是漫長的噩夢：**我要什麼時候才能脫離它？**

在台灣文學史目前已知的世代來看，我認為六年級作家（出生年在民國六十到六十九年間）是被「新秀」一詞困擾最久的世代。他們崛起於傳統文學媒體全面衰退的時代，因此就算得獎、出版，也不再像四、五年級作家那麼受矚目。他們也經營網路（比如許多作家都曾在「PChome新聞台」出沒），但當時的社群媒體還沒有現在的穿透力。這導致讀者社群有好長一段時間，都不太認識他們，彷彿他們一直都是還未成名的潛力新秀。他們的「新秀期」可能從二十多歲一直延續到四十多歲，但他們的實力並不輸給前輩，只是前輩有比較好的環境可以早早成名——如果以後你覺得自己熬了很久，想想他們。

「新秀作家」的「狀態」是：已經出版了一本著作，或至少有一篇普遍為文學圈內所知的文章。這兩個條件何者比較困難，其實很難判定。能夠出版著作，代表已有一定數量的作品（小說大約八萬字，散文大約六萬字，現代詩三、四十首以上），並且這些作品的品質能夠說服編輯出書。但要有一篇「普遍為文學圈內所知」的文章，則是代表有一篇文章達到了絕對的水準，能夠捲動整個社群。如果用很量化的數字來比喻，前者可能需要你寫出十篇超出七十分的作品，後者則是一篇超出九十分的作品。

舉例而言，前者就像是出版了《獸身譚》時的莫澄，或出版《好球帶》時的朱宥任。後者則像是寫出了〈醜女〉的劉璩萌。

如果你覺得這些名字有點陌生、有點小眾，別擔心，不是你的錯。「新秀作家」的特徵是，他們的實力已經受到圈內人的認可，但往往也只有圈內人比較知道他們。所以有趣的是，越是在文壇事務第一線上活躍的人（比如線上的編輯、青壯作家），就越會認識很多外界不認識的人。所以，如果兩個文青相遇，想要試探對方的實力，往往是用「你知道多冷門、多小眾的東西」來較量的。**這與寫作者本身寫得好不好沒有絕對關聯，而跟該寫作者的資訊多難取得有關。而新秀作家的資訊是作家群中最難取得的，就像大多數的職棒球迷不會知道球探報告的潛力名單上有誰。**如果你只知道余光中，當然就遠不如知道宋尚緯；知道宋尚緯，又不如知道張嘉真；如果你連寺尾哲也都有注意到，那你跟車真的跟得很緊了。

我們可以說：「新秀作家」意味著在圈內有普遍的知名度，但也暫時只在圈內有知名度。

另外一個可觀察的指標，是出書時的書評反應是否熱烈。在正常情況下，「新秀作家」即使作品品質還不錯，也很難獲得太多的書評版面和讀者自發性的心得。除非是一出書就轟動文壇的跳級生（十年大概會出現兩三個吧），否則你可以見到的相關書評，多半都是出版社或文學刊物的編輯主動安排的。甚至有些比較被冷遇的作者，他所能看到的唯一一篇書評，就是書前面的那篇「推薦序」。

在我出第一本書時，也因為幾乎沒有評論而感到非常恐慌，以為自己的表現真的很差（當時推薦序的甘耀明、副刊刊出的紀大偉都是媒體安排的，基本上沒有自主的）。但在這裡我要稍微安慰一下大家，如果有朝一日你遇到了一樣的狀況，請記得：新秀作家的第一本書、甚至是前幾本書，沒有評論才是常態，因為台灣的書評媒體已幾近潰滅狀態了，他們可以動用的版面本來就少，自然在選書上會比較保守一點。反而是如果出了第一本書就有大量的評論出現，那代表你真的是極少數的跳級生，比如二〇一九年的洪明道。也因此，如果你日後能更上層樓，請不要吝於大力讚賞高水準的新人，他們很需要強心針。

由此，他們的「目標」很簡單，就是「站穩一軍」，晉升到「青壯作家」。為了達到這個目標，他們必須繼續創作，直到自己的名字和代表作緊緊連結起來為止（關於「代表作」，我們將在下一篇詳細討論）。除了創作之外，文學活動也有助於提升能見度。舉例來說，二〇〇五年左右，高翊峰、許榮哲、李崇建、李志薔、甘耀明、王聰威、伊格言、張耀仁等人雖然都已陸續出書，但仍沒有太廣泛的知名度。之後，他們結成「8P」這個團體，主持部落格、辦讀書會、辦文藝營、企劃各種活動，就非常有效地培養了一群圍繞著他們的後輩讀者、寫作者（包括我——我就是他們的學生）。隨著時間過去，這個社群的影響力自然越來越大，現在其中幾位已是毫無疑問的文壇中堅了。

「新秀作家」的「出沒場合」跟文藝青年時代沒什麼不同，只是角色改變了。比如說，他們還是會出現在文學獎裡面，但在校園等級的獎項中，已經從參賽者轉成評審了。在一些比較大型的獎項，比如台灣獎額最高的「林榮三文學獎」，你還會看到他們參賽；但在比較低階的比賽，他們會盡量避免參賽。小獎不得還好，至少沒人知道，若是得了，反而會影響文壇對他們的評價，會被認為是缺乏作家風範。然而，畢竟獎金是有實益的，還是有些寫作者會不斷參賽，因而卡在這個層級上不去。

除此之外，你也會看到他們的發表機會顯著增加了。「出書」就像是獲得了文壇身分證，因此正式出版之後，報刊媒體就更會依照各自的屬性，來向這些新秀作家邀稿。他們可以撰寫的文章篇幅也會拉長，開始有機會擔綱千字以上的版面，甚至若學有專精，偶爾還可能撰寫三千字左右的主文。

而在文學營隊、講座、對談等活動中，他們也會開始擔任講師的職位，雖然數量不多，頻率也不穩定。但這段時間的累積是很重要的，這些活動通常會比文章更能抓到一群強固的讀者，畢竟短期而言，面對面的知識展示和人格魅力還是比文字媒介更有威力。

4——作家的進化表（三）：青壯作家

「青壯作家」是我們這個體系的第三階，也是文壇的中堅分子。他們不但有知名度，而且也正處於年富力強的時代，在創作和活動上都非常活躍，是文壇各項業務真正的主力。好消息是，雖然從「新秀作家」晉升到「青壯作家」的難度不低，但淘汰率遠沒有第一階到第二階高。如果以十年為一世代單位來觀察，單一文類能夠走到「新秀作家」這個關卡的，大致在五十人以下；然而一個世代、單一文類的「青壯作家」，大概都有十人上下的「容量」。

所以，如果你成功爬上第二階，恭喜你，你距離夢想已經不太遠了。

「青壯作家」的「狀態」非常明確：擁有一本代表作。每一位重要的作家——意思是第三階以上的，幾乎都可以在你提到名字之後，立刻連結到「代表作」。比如：

楊富閔＝《花甲男孩》

黃崇凱＝《文藝春秋》
甘耀明＝《殺鬼》
童偉格＝《王考》
林立青＝《做工的人》
李維菁＝《我是許涼涼》
駱以軍＝《降生十二星座》（早先以《我們自夜闇的酒館離開》的書名出版）
白先勇＝《台北人》

如果你對這些人夠熟悉，也許會覺得這份名單跟你的想像不全一樣——比如說，有人可能覺得《西夏旅館》才是駱以軍的代表作、白先勇的《孽子》比《台北人》厲害、童偉格的《王考》沒有《西北雨》深邃。這些想法沒錯，但我所列的名單，是「使他們最初站穩一軍的代表作」，所以駱、白、童後面的作品雖然更強更為人所知，但那已是再創高峰了。我們如果觀察他們的生涯，最初使之成為「青壯作家」的轉捩點，應當還是上表所列的作品。

你可能也注意到了，上面所列的黃崇凱《文藝春秋》和甘耀明《殺鬼》，都不是他們的第一本書——甚至也不是第二本。因為在大多數的狀況裡，作家們是慢慢累積作品、直到爬過一個突破點，才會從二軍升上一軍的。而像是楊富閔、童偉格、白先勇這樣一出書就跳過「新秀作家」，直接站穩「青壯作家」位階的，就是我上一節所說的跳級生，是屬於每個世代裡極少數的天之驕子。壞消息是，隨著時代的演進，「跳級」的難度會越來越高。在白先勇的時代，由於社會節奏慢，因此達到某一水準就可以留名數十年；但在二十一世紀，如果你寫出一部跟《台北人》一樣面面俱到的短篇小說集，即使可能還是會受矚目，卻無法再換到一樣的文壇地位了。

最後，清單中的李維菁和林立青，雖然也是第一本書就跳級到「青壯作家」的例子，但狀況卻與上段幾位有點不同。如果仔細檢視他們的經歷，你會發現他們在第一本書出版之前，就已經有很厚實的歷練。李維菁是藝文記者，跟藝文界有很強烈的連結，這會讓她初出手的品味、視野和人脈，都與初出茅廬的文藝青年不同。而林立青是監工，擁有一段其他作家都不可能有的生命經驗，可以產生跨領域的震撼效果；如同我們在「概述」裡提到的，文學本質上是販賣經驗的產品，擁有繞路的人生是寫作的利多。當然，我不是要說他們兩人的作品不好，只是靠外圍的東西才繳出代表作。他們的作品都夠水準，但他們之受矚目，則不能忽略外圍因素的「增幅效果」。

一路講下來，我想強調的觀念是：「代表作」的定義遠比一般人想像的複雜。你問稍微認真一點的文學讀者，要他／她直覺說出某作家的代表作，他／她幾乎都可以快問快答。但為什麼是這本？一般人常以為就是「寫得最好的」，但這只是眾多因素之一。它還包括市場接受度（在文學界來說，我們不可能不注目超過五千本的銷量），包括學院和評論的接受度（於是，能夠納入現有評論框架的作品就會稍占優勢，比如「鄉土文學」或「同志文學」），甚至連作者本身的人格特質、文化資本都會回頭增強作品。

「代表作」的意思是「大家認同這是你的代表」，而不是只看作品的絕對強度。而你要有了這本，才能站穩一軍，被視為「青壯作家」。由此開始，我們就進入了非常依賴社群集體共識的階段。

純粹靠作品好壞來決定一切，是所有文學人的浪漫理想。但現實從來不是這樣運作的。比如劉梓潔，大多數人會認為她的代表作是《父後七日》，但其實我覺得《親愛的小孩》水準更加整齊。但前者的銷量是現象級的，這不可能忽視。或如傅月庵，他因為經營文化事業而在文學界有廣泛人脈，有時也會受邀評審，但仔細想想：你讀過他的文學作品嗎？然而他確實也做到很多一般寫作者沒做到的事情，因此能截長補短。

或者尖銳一點說——你記得「朱宥勳」的代表作是什麼嗎？應該很難立刻反應過來吧。是的，我就是那種靠著文學活動、時事評論所累積的外圍資源「打回來」的例子。雖然我對自己小說有一定的信心，但只要沒有廣泛的讀者共鳴，那也只能想辦法再接再厲了。

經過漫長的「狀態」說明，我們現在可以來談「**目標**」了。「青壯作家」的目標，可以粗略地分成三個方向：

一是在寫作上，追求更高的巔峰，力求能被寫入文學史，使作品的生命能夠延長到後世。由此，我們將從下一個階段開始，討論「學院」、「評論」與作家的關係。

二是在市場上，追求更大的銷量和讀者社群，擴大自己在現世的聲量。這個方向與第一個方向有時是扞格的，有時又是可以相輔相成的。

三是在生涯上，努力獲得在文壇上、或廣義的文化圈中，具有重要影響力的位置。這裡的「位置」，可能是職位（比如重要刊物的總編、乃至文化部長），也可能是一個抽象的「德高望重」形象。

為了達到這些目標，青壯作家會在文壇的每個角落活躍著。他們發表量最大，活動量也最高。因此，他們的「出沒場合」雖然與前兩個階段無異，但他們都會在這些地方扮演最主力的角色。

首先，文學媒體上主要的版面，都由這一階段的作家擔綱，甚至還會擔任這些媒體的編輯。比較隱而不顯的差別是，他們「投稿」的比例會下降，刊載出來的文章，多是編輯主動「邀稿」的。這現象常常會誤導新人，讓他們以為作家就是要努力投稿文學媒體，殊不知大多數的版面都不是投稿投上的。「青壯作家」出書的時候，也會有比較多主動的書評。

而在講座、對談、營隊等活動當中，他們是最有票房、講授品質也最穩定的講師群。他們是文學獎評審的重要班底，除了是「校園文學獎」的當然成員——文學讀者最欣賞的作家，往往多是這個位階，年紀太長了有距離感，年紀太輕又不能服眾，因此校園文學獎的主辦單位特別喜歡邀約這一位階的作家——，也開始擔任「地方文學獎」的決審，以及進占「全國性文學獎」的初審、複審職位。

這些活動都能幫助他們強化既有的讀者群，並且開發新的讀者群。有舞台可以發揮，自然能更有效率地凝聚自己的讀者社群。

到了這個位階，才會比較接近一般人想像的「作家」生活。

但在這個階段中，最大的挑戰是如何分配時間。用《作家生存攻略——作家新手村1技術篇》提過的框架來看，這個階段的「被動接案」數量會非常多，作家如果不加節制，可能會淹沒在這些工作當中，而使得「主動挖坑」的新專案進度緩慢，進而可能會影響到接下來的發展。而且弔詭的是，雖然此時正是頭腦敏銳、精力旺盛的時候，但由於時間被大量瓜分，所以作家在這個階段，反而可能陷入智識成長的停滯期。時間分配的挑戰，也在於如何保留時間來確保自我成長，否則「文藝青年」時期累積的老本遲早會吃完。

很多作家的「晚節不保」就是這樣來的。

這也是為什麼，我談到「文藝青年」的結尾會那麼嚴苛了。如果那段時間不努力，你會連老本都沒得花，也不用談什麼晚節保不保囉。

5 ——作家的進化表（四）：資深作家

在前幾篇我們談到，不到百分之一的人能從「文藝青年」擠過「新秀作家」的窄門，而「新秀作家」要晉升到「青壯作家」，成功率卻高得多。如果你已是「青壯作家」，要上升到「資深作家」的機率是多少呢？

各位，福音來了：幾乎是百分之百。

是的，我們正式進入文壇當中最不公平的區段。在這個區段當中，你晉升的方法非常簡單，你只要做到一件事就可以了。

「不要死掉。」

（其實死掉也可以，只是這樣的晉升對你本人沒什麼意義。）

因為「資深作家」的條件，就真的只是夠資深而已。你只要活著、並且沒有退出文壇——偶爾出個書、參加一些活動、跟業界保持聯繫、不要弄出無可挽回的公關危機——，戲棚下站久了就是你的。

所以如果你從第一階看到第四階，會發現文壇的晉升結構是喇叭狀的，一開始非常窄、非常難擠，到後來會越來越容易。這也是為什麼，很多人會有「文壇都被老人占據」、「文壇都在排資論輩」的印象。在這裡，爬到越高位階會有越多資源，而且還能更容易獲得下一位階的資源。長此以往，這也為「晚節不保」提供了誘因，如果沒有足夠的自我要求，要混日子混過去也沒什麼不可以。

在「資深作家」階段，它的「狀態」就是「一切優勢都穩定下來了」。他／她在文學圈會有不錯的聲望，基本上所有文學讀者都認得他／她，更不用說是業界人士了。他／她有固定的讀者群，這讓他／她完全進入發表、出版都毫無障礙的狀態，不管寫什麼都會有人願意刊載。非但如此，由於長年累積的影響力很足，他／她的作品出版後，通常會得到不少自發性的文學評論——因此你可以反向觀察，如果一名資深作家的作品出版之後，幾乎沒有任何相關評論，那就有可能是「業界普遍認為他／她寫得很爛」。既不想口是心非、也不想得罪同行的話，大家就會選擇沉默。

值得注意的是，從「青壯作家」到「資深作家」的大多數指標都是增長的，唯有一個指標不見得會增長，甚至可能會下降，那就是「曝光頻率」。乍看之下很違反直覺，為什麼升級之後，不是變得更紅、更熱門？那是因為他／她在這個階段時，已經過了媒體聲量增長的高峰期，不再是「拚事業」的階段了。「新秀作家」和「青壯作家」還在拚事業，所以什麼工作都要認真接；但「資深作家」地位已經穩固，因此最佳策略是持盈保泰，愛惜羽毛，不要隨便什麼文章、什麼事件都出手，以確保每一次出手都有足夠強的效果。

因此，像是朱天心、駱以軍、平路這一等級的作家，你不見得會在每一期的文學雜誌裡面看到他們，但他們如果一出現，就一定是當期焦點、占據顯著版面。他們不見得會一直寫文章投到刊物去（即使每投必上），而通常會蹲一段比較長時間，把節奏放慢，以「書本」為單位出手。這一方面是他們有足夠的資源來撐過蟄伏期，比較不用像年輕作家那樣為了生計拚死拚活；一方面也是自矜身分，少出手就能少出錯。

而他們的「出沒場合」也到了文壇最中樞的位置。如果在文學相關的機構或單位中有職位，一定是一級主管、總編輯等級的位置。他們在座談、演講等活動上，是主辦單位寄予期望的主將；而在文藝營當中，他們不但在講台上時被稱呼為「老師」，連在講師休息室也會被年輕的同行這樣稱呼。

然而最值得注意的「出沒場合」並非上述幾個，而是在一種特定的場域裡——他們開始能夠成為「學術研究」的對象了。

在學院當中，教授們有幾條隱而未顯的界線，來決定哪個等級的作家夠格寫進論文裡。這幾條界線大致上符合我們的階段模型。「新秀作家」最多進入課堂的期末報告，任何論文都不會允許以他們為對象。「青壯作家」可以寫成研討會會議論文或期刊論文，但幾乎不可能寫成碩博士的學位論文——除非你能找到一個好的框架，把他們組成一個「文學現象」來討論，但單一作家的專論是不用想的。**而「資深作家」在生涯上最大的進展，就是終於可以單獨進入碩士論文和博士論文了。**

學術論文的讀者雖然極少，但意義非凡。能夠讓教授點頭的作家，必須在寫作水準、思想深度和作品數量三個面向上都受到學院讀者的肯定。雖然從我這樣的創作者的觀點來看，我常常覺得學者的品味未必正確，他們的「肯定」不見得有多珍貴，但學者掌握的卻是所有作家都夢寐以求的鑰匙——通往「文學史」聖殿的鑰匙。

當有論文開始討論你的作品時，那就是你進入文學史的第一步了。一位重要的作家，通常會被學者反覆討論，挖掘作品中所有可能的意義（通常遠超過作者自己所理解、所預想的程度），直到學界形成大致的共識為止。這個共識，就會形成該位作家進入文學史的「定位」，比如「夏宇＝後現代」、「七等生＝現代主義」。往後的文學史編纂者，基本上就會沿著這些定位來記述作家。

所以嚴格說起來，文學研究所的任務可以歸併成一件事：所有的研究，都是為了下一版本的本國文學史做準備。

當然，上述的階序都有例外，只是大致的概況。有些教授比較寬鬆、或比較喜歡新鮮事物，可能就會允許他的研究生去討論「不夠格」的作家。有些狀況也會讓作家進入學院的期程加速。比如該作家所寫的議題剛好跟學界的主流興趣合拍（比如童偉格、甘耀明可以聯繫到「鄉土文學」的傳統，就比同輩更早被研究）；或者作家較早去世，學者可以進行蓋棺論定式的評估（……比如早逝的邱妙津就比同輩更早開始被研究）。

由此來看，「資深作家」的「目標」就很明顯了：最重要的任務，就是尋求自己的「文學史定位」。他們在當世已經廣為讀者所知，現在的挑戰是如何在自己的身後，也有讀者願意反覆閱讀自己的作品。為了達成這個目標，有兩種可能的路徑：

一是從作品本身努力，突破過去「代表作」的陰影，再創新的高峰。我們上一篇有玩過快問快答，讓大家感覺到「某作家＝代表作」的連結。現在你可以再加上一條殘酷的評估：這部代表作何時發表的？距離現在多久了？這樣就能看出他有多久沒能自我突破了——比如說，白先勇的《孽子》是一九八三年出版的、《台北人》則是一九七一年；這兩本都是代表作等級的，我們可以看到《孽子》確實是在相隔十二年之後，再次創造了新高峰。但那之後，就暫時沒有太驚人的突破了。

第二種可能是更有計畫的進行文學活動，培養後起新秀。這裡的培養後起新秀，並不是泛泛地傳授文學知識給普通讀者，而是真的在私人交誼和公事合作上，建立起「我的人」，一支以資深作家為核心的晚輩作家小隊。這樣的好處，是這些晚輩的文學活動也會傳承資深作家的文學思想或人際網路，透過評論、追憶、訪談，讓你的影響力延續下去，甚至及於自己的身後。這方法表面上看起來有點心機，但其實也可能純粹只是出於資深作家的教學熱誠或慷慨大度，但無論他／她本人的初始動機為何，這種行為能夠延續影響力是確然無疑的。

6 ——作家的進化表（五）：文壇大老

最後，我們來到了作家生涯的頂點「文壇大老」。

這是作家在世所能抵達的最高殿堂，卻只有非常非常少的人能夠進來。在前一節中，我們說過文壇的篩選結構是喇叭狀的，但那僅限於前四階。**只要能夠成功出書，晉升到「資深作家」並不困難，然而絕大多數的作家也只能到此為止了。**真正的「文壇大老」，不但要夠強、夠老，還需要天時地利人和，也需要一些抽象的人格因素。

簡單地說，你必須是非常老、並且在社會上德高望重的作家，才能成為「文壇大老」。**這一位階的作家，最顯著的特徵是擁有「文學圈以外的影響力」**，不只文青景仰他／她，連**文青那不讀書的爸媽，聽到他／她的名字之後，也會脫口而出「是那個作家嘛」**。這大約等於黃春明、吳晟、白先勇這個等級的作家。有許多作家雖然年資也很高，並且聲望足以貫穿文壇，但缺乏這種擴散到文壇以外的穿透力，就很難晉升到這一階。比如周夢蝶、王文興、林亨泰等。

請注意，我在這裡使用「文壇大老」這個詞，主要是對著文壇外部的，而不是對著文壇內部的。文壇內部眾所仰望的大神，不見得會是外界最認識的。**此處的「文壇大老」是社會建構的結果，跟作品的強度關聯不大。**所以，鄉土文學的代表是黃春明而不是王禎和、陳映真，「詩壇祭酒」是余光中而非周夢蝶、洛夫、商禽、夏宇、楊牧，即使你可能認為後列的作品勝過前者。但一般人並沒有這種分辨能力，對他們來說作品是都夠強了，關鍵是其他外部因素——人格形象是否「德高望重」、國家機構是否全力推舉、是否能成為某些族群的文化代表……

文壇大老的「狀態」很容易推想。他們作品與資歷俱豐，文學聲望已基本底定，除非有什麼重大過失，否則地位難以動搖。——比如黃春明在二〇一一年的「蔣為文」事件中動粗，就是一個在危險邊緣的過失。若非台語文學社群當時還太小太弱，無力反擊，否則動粗這種大失文人風範之事，一定會重傷形象。一旦粗暴衝動的形象深植人心，大眾就會很微妙的將之排斥在「大老」之外了。當時的本土派媒體技術不夠強，無法用密集火力迎戰，那是黃春明的幸運；如果放在二〇二〇年，事情可能就不一樣了。

此外，文壇大老也會擁有巨大的傳統媒體優勢（請注意，不是「文學媒體」，是「傳統媒體」，範圍擴大了）。絕大多數時候，他們的言行動見觀瞻，並且能夠得到比較友善的報導。而也由於他們的聲望，所以會陸續得到國家單位、權威機構的榮譽肯定。比如鍾肇政擔任過總統府資政，還拿了一排勳章；白先勇獲得了「國家文藝獎」和「行政院文化獎」。這些都是屬於終身成就的榮銜。這些榮銜沒有雪中送炭的，百分之百都是錦上添花——與其說是國家單位、權威機構頒贈榮譽給作家，不如說是他們要靠著頒獎給被大家廣為認可的作家，來維繫自身的公信力於不墜。

文壇大老的「出沒場合」，基本邏輯就是「頻率探底、分量加重」，不管是在文學媒體上的露出、作品的出版還是各式文學營隊、講座，他們都很少直接在第一線參與了。若參與，則多半是以他們自己為名義，或者帶有傳承意義的活動，用他們的分量來「壓陣」。比如「余光中散文獎」，余光中在世時自然是當然的召集人。或如「台積電青年文學獎」，創辦時以首獎三十萬元的超高額獎金對高中職學生徵稿，第一屆的評審名單是超豪華的「白先勇、鄭清文、施叔青、朱天心、王德威」——明眼人一看便知，真正的「寨主」是白先勇。最年輕的超高額文學獎、由最資深的文壇大老授與榮銜，這正是標準的文壇風格（結果第一屆的評審團還真的很有默契地選出了模仿白先勇的作品）。

只有在學院裡面，文壇大老的出沒頻率才會大量增加。走到這個位置的作家，基本上已經確定自己會進入文學史了，問題只在：「我會以什麼形象留在文學史裡面？」所以到了這一khám-tsām的作家，往往會滿積極地進行回憶錄、口述史等活動，以強化自己想要的形象。所以，余光中的全集不會收錄〈狼來了〉這篇文章；聶華苓一生政治波折驚心動魄，其回憶錄自然也是一修再修。這些作為，往好處想，是為學者的研究提供更多線索。然而所有敘事都有其位置和意圖，必須多方參酌比對，未必能全盤採信。

文壇大老的「目標」，相對來說就比較無跡可尋了。除非他／她有問鼎諾貝爾文學獎的野心，否則在台灣文壇內部已沒有其他現世的榮耀值得追求了，成就已然封頂。有些文壇大老會開始進入「從心所欲」的階段，去找其他自己覺得有趣、有意義的事業來投入，而未必與文學直接相關。白先勇去推廣崑曲，黃春明去經營兒童劇團，就是這樣的例子。

至此，作家長長的生涯，差不多也該有個結束了。所有的理念、算計，所有苦讀苦寫，或神采飛揚的日子，最終都可以借用陳映真〈山路〉裡的一句話來概括了。那是作家最強烈的初衷與期待，向著他的讀者：「如果您還願意，請您一生都不要忘記……」

二、文學人意識形態

在理解文壇內部大致的階序關係後，我們接著來談談這個社群的文化。就像前一部分提過的，作家的作品好壞雖然會影響他／她的地位高低，但並不是唯一的影響因素。文壇的階序關係更像一種建立在「互評」之上的、依賴社會認可的系統。而在長久的「互評」運作之下，有些價值觀就會成為文壇內的主流價值，成為作家臧否彼此的判準。因此，其他作家對你會有什麼看法，很大程度取決於你對特定事物有什麼看法。這樣的互評判準可以讓作家們結成志同道合的文學團體，也可以讓某些人永遠被隔在文壇之外。我將透過「文學人意識形態」系列文章，試著將這些作家往來時的精神密碼描述出來。

7 —— 文學人意識形態：文學VS政治

接下來的幾篇文章，我將試著說明，在文學人之中確實存在的一些「意識形態」：一套每位寫作者大體遵行，如果有人犯規，其他人對他的評價就會下降的價值體系。就如同所有的意識形態，這些價值判斷都不是絕對的真理，圈外的人看起來可能覺得莫名其妙、沒有那麼嚴重，但正是對某些價值的偏好和堅持，構成了「圈」的界線。一名文學人可能偶爾犯規，但不能視界線於無物，否則很快就會被擠出圈外。

更微妙的是，這套「意識形態」也不是全無道理。它在某些時候會阻礙進步，但有時卻正是靠它保持了文學圈的底線，使之不會輕易墮落。

比如我們要談的第一個問題：「文學」跟「政治」到底是什麼關係？

政治不見得歸政治，但文學一定是歸文學

關於「文學」跟「政治」之間的關係，有兩種常見的說法。

第一種說法是「文學歸文學，政治歸政治」。持這種說法的人，認為文學有其超然的價值，不應受政治判斷左右。這種思考方式甚至會更進一步，主張文學不僅應該跟政治脫鉤，也應該跟道德脫鉤。要評價一名作家、一部作品，就應該專注在它本身的表現好不好，「寫得好不好」是唯一需要考慮的參數。因此，不管作家寫的東西是不是冒犯了你的政治立場、是不是違反了你的道德標準，這都不是重點，立場標準與你相同不該加分，立場標準與你不同也不該扣分。

第二種說法則是「政治存在於人類生活的每個面向，當然包含文學」。持這種說法的人，強調文學作為人類活動的一部分，本來就難免於政治性。不管作家寫或不寫某些題材，作家的選擇本身就是政治判斷。在這種說法裡，不可能存在沒有政治、只判斷「寫得好不好」的閱讀過程。誰來決定什麼東西好，什麼東西不好，這本身就是政治。而考慮到文學作品的散布力、對讀者的影響力，文學不僅不能免除政治責任，也不能免除道德責任；當它讚揚或

貶抑某些價值的時候，就有可能改變讀者的政治態度，進而產生政治效果。

我十六歲剛開始學寫小說時，身邊的人統統都是持第一種說法。

十五年後的現在，我身邊的「同溫層」——也就是廣泛關心人文、社會議題的泛自由主義社群——，大多數都持第二種說法。

哪一種比較對？

如果你只想當個讀者，怎樣都可以。**但如果你想成為作家，進入文學人的圈子，你「不可以」「只」相信第二種說法。**

一個全心全意相信第一種說法的人，或許會跟所謂「同溫層」（關心人文、社會議題的泛自由主義社群）的氛圍格格不入、被劃入保守主義的陣營，但這不會妨礙他／她成為一名作家。但如果你全心全意相信第二種說法，絕大多數文學人都會覺得：這是哪裡來的外行人？抱歉，社運圈在隔壁喔。

當然，你可以兩種說法都持股一些，混合出你自己的立場；只要你混出來的結果，不是「政治一百分、文學零分」就好。

何以如此？因為文學人——或更明確一點地說：文學創作者、作家——這種身分，本質

上是一種「匠人」。匠人的身分認同，來自於自身持有的技藝，以及為了這項技藝所付出的打磨與熬煉。最能證明匠人價值的，也在於技藝本身的艱難，而不在於眾人的偏好。就好像你找一位頂尖的平面設計師來，他會希望用自己的設計技藝說服人，而不是「我喜歡他的作品，因為他塞了很多盆栽，我喜歡盆栽」；你去吃一位名廚主掌的宴席，他也會希望你誇獎他的廚藝，而非「我喜歡吃香菜，這道菜有很多香菜，我覺得很棒」。

同理，如果我們讓政治判斷完全壓過文學判斷，就會變成：

- 「我喜歡這篇小說，因為它有強烈的本土意識。」
- 「我喜歡這首詩，因為詩人是堅貞的統派。」
- 「我討厭這篇散文，他太同情家暴的丈夫了，怎麼可以寫他的優點。」

上述這類評語，**無論是正面還是負面，本質上都是對作家寫作技藝的否定**。當讀者這樣說的時候，作家接收到的訊息是：「我的努力毫無意義，你只是喜歡那個關鍵字。」而有點悲傷的是，大多數的讀者並沒有鑑別寫作技藝的能力，所以作家通常也只能得到上述這類回應。作家當然不會太苛責讀者，畢竟人家有讀你的東西已經不錯了，沒什麼好抱怨的。然而，心理界線是免不了的，當讀者或說其他人類都用這種方式在看待文學作品時，文學人心底就會明確築起一道牆。

「你們不懂。」

懂的人在牆內，稀少而珍貴。牆外則是一群永遠畫錯重點的人。讀者在牆外沒有關係，但如果你自稱是創作者，卻又沒有踏進牆內，那是不可能被承認的。

「圈」就是這樣形成的。

文學的「相對抽離」

但我並不是要說，第一種說法完全主宰了整個文學圈。就跟台灣所有議題的政治態度一樣，文學圈內的態度光譜也跟世代分布高度相關。總的來說。年紀越大的世代，全心相信第一種說法的比例越高；年紀越小的世代，則越相信政治與文學無法割離。但跟其他議題——比如說「統獨議題」——不一樣的是，此處不存在乾淨的全有全無。就算是文學圈內最關心政治的一群人，也起碼相信「文學有政治之外的價值」，兩者不能切割，但也不會全等。

我通常會用「文學的相對抽離」來描述這種現象。後設一點來看，文學人並不是真的不在乎政治，更不是沒有政治意見，而是他們有更在乎的東西。前述的「匠人」意識，會帶來一種彷彿修行者或隱士的自覺，認為自己不可以完全投入塵世之中，而必須把心力放在世俗之人都不在乎的自我修煉之中。

因此，準確來說，**這不是「排斥」政治，而是「抽離」於政治。**更進一步說，甚至也不只是「抽離」於政治，同時也是「抽離」於道德、市場、知識或情感（端視流派而定）。

詩人羅毓嘉有如下名句：「我不能再愛你了／這個國家令我分心。」讀者只要把詩中的「你」代換成「文學」，就會明白這種「抽離於政治」意識形態之根深柢固了。關懷政治、國家，是一種需要道歉的「分心」，由此可知文學人自居的本位何在。

這也可以解釋我之前提到的一個細節：在一般讀者心中，寫出好作品的「作家」跟專精於文學研究的「學者」都是對文學有話語權的人物；但在文學人心中，我們其實是不信任純粹學院出身、而無創作經驗的「學者」的，特別是不信任他們的品味。

這不是因為他們學問不好，正好相反，是因為「技藝」和「品味」通常不是學術研究可以定性定量的，所以學問越好反而可能離文學人的核心關懷越遠。而在二十世紀下半葉「文化研究」的方法漸漸成為主流之後，學者們對於文學作品中的政治意涵更是充滿了興趣；這種研究方法，恰恰就是主張要解構經典地位，作品不分雅俗都有其意義的。

於是從文學人的角度看過去，就會覺得學者永遠都畫錯重點，常常在勉強詮釋一堆廢到不行的作品。

特別值得注意的是，當我們說「文學抽離於政治」時，我們講的「政治」可不是只有狹義的政黨政治、或者平常報章媒體在爭議的那些東西而已。此處所指的「政治」，還包含了一切價值主張，比如婚姻平權、勞資問題、族群議題、環保議題。即便是以當今的標準來看，已經毫無疑義的價值主張，在文學人的作品之中，也還是不太會有一致的傾向、絕對的正確答案。不如說，這種「文學抽離於政治」的意識形態，就是「反對正確答案」的。

在我大學時，曾有機會去訪談某前輩作家。我非常喜歡她的小說集，書中對性別、階級的描寫深刻入骨，極為銳利，我的第一封email就進入了粉絲告白狀態。結果對方回信說：

「哎呀，不好意思，讓你讀到了我的『教條時代』。」

這個回答非常有趣。那位作家在社運圈打滾多年，在運動戰線上，對於相關理念的堅定無庸置疑；但她轉身回到文學人身分時，卻會認為在作品中處理這些東西，有「教條」之嫌，是年輕時的意氣用事，需要「不好意思」。

抽離會導致保守主義嗎？

一路讀下來，你若是對人文、社會領域有些涉獵的人，一定會感受到這種「文學人意識形態」背後所蘊含的保守主義。這些話，由我這麼一個整天在做政治表態的人說出口，或許有點莫名其妙，但我可以明確地自首：我也是服膺這套意識形態的，任何人只要比對我的小說作品和我平常的公開言論，一定會注意到其中的「政治溫差」十分巨大。

但要說這套意識形態必然導向保守主義，我卻覺得未必。確實，這種意識形態的存在，會讓文學人無法乾脆地貫徹進步價值。近年的「同志詩選」爭議就是一個例子，陳克華人格再卑劣、言行再政治不正確，我們就是不可能不選他的詩作，這是文學對政治的抽離。然而，也正是同一套意識形態，使得文學圈在一九六〇年代、一九七〇年代，整體社會根本還沒有浮現「同志議題」的時候，就能以持平的眼光看待同志文學作品，甚至標舉出白先勇這樣的大家。更因為同一套意識形態，讓戒嚴時代的官方文藝政策從來沒有完全成功過，民間始終都存在著對抗性的文學觀點，讓依附官方的作家受到唾棄和驅逐。

當我們說「文學抽離於政治」，這個「抽離」是很認真、不分親疏遠近的。在這套意識形態運作良好的情況下，不只是抽離於進步價值，也會抽離於主流的保守價值，從而多撐出一點點空間。

它不是自由主義，也不是保守主義；它就是一種抽離於塵世的匠人之藝、遊魂之心罷了。

8——文學人意識形態：純文學VS通俗文學

在各式文學活動裡，「怎麼區分純文學與通俗文學」大概是點台率最高的問題之一。發問的人通常是非常圈外的初學者，對於圈內的暗規一無所知。然而，這並不代表這個問題是膚淺的。正好相反，我滿喜歡觀察其他作家怎麼回答這一題的，因為從他們的答案之中，你可以大致看到這位作家對「文學」這件事思索到什麼程度？究竟是真有實力，還是騙吃騙喝？他／她屬於哪一流派？其論點與作品是否契合？當然，發問的人可能不知道他們準確地考驗了講者，甚至連被考驗的人都未必會察覺到。

如果只是含糊地講純文學有「文學性」，你大概就知道這個人的文學知識很弱，也許能創作，但不必期待能論述。比較技術派的，可能就會從具體的文本特徵來區分，比如純文學小說重視深度的內在描寫，通俗文學重視建構曲折情節。有人會說，純文學作品探討嚴肅的社會議題或人性道理，通俗文學則重視娛樂性，這就是比較老派的說法。也有一批藝術傾向比較強的文學人會認為，純文學必須在美學上、形式上、語言上有創新意義，是實驗性的；而通俗文學則盡可能維持在既有的表現手法上，讓讀者安心享受而不至於受到冒犯、受到驚嚇。

當然，上述的看法非常純文學本位，通俗文學作家可能不盡同意。我出身於此，對這些論述自然比較熟悉，所以主要討論它們，並不代表上述的價值判斷一定是對的。

稍加整理之後，我們大致可以從這幾種比較純文學本位的說法裡面，找到幾個與「純文學」相連的概念：重視深度、描寫內在、實驗性、前衛、創新、嚴肅、關注社會議題、（相對）不重視情節、（相對）不重視娛樂性等等。

一個小小的檢測

我想，這大概也涵蓋了一般人對「純文學」的印象。然而這些印象是正確的嗎？你可以試著用上述的標準，檢查下列的兩個案例，稍微思考一下，你覺得哪個比較「純文學」？

小說A：

小說敘事者是一名住在郊區的少年。某天晚上，當他在湖邊散步時，意外發現了一名暈倒的少女。他將少女帶回家悉心照顧，而這名少女因為失去了記憶，也不知道該如何回家，就住了下來。隨著時間過去，寂寞的少年逐漸對少女有了情意，而少女也總是和他一同在月光下散步。直到某一天，少女不告而別，空留下悵惘的少年……

小說B：

小說以一名女學生為主角。這名女學生在家中失寵，鬱鬱寡歡。後來她遇到一位男老師，這位老師不但成為她的精神支柱，兩人更陷入了師生戀。小說描寫他們兩人對抗社會禁忌，卻屢屢遭到挫敗的歷程。在故事的最後，女學生無奈改嫁他人，婚姻生活破碎艱難；而男老師也被磨光了個性，過著行屍走肉般的餘生……

在你回答之前，我可以簡單提示：由於兩篇小說內容都是我轉述的，所以你不可能知道作品本身的寫作形式是否前衛、是否具有實驗性，這點可以忽略不計。

你怎麼選？

依照前述的關鍵概念去篩，我想大多數人會同意：小說B是比較偏向「純文學」一點的。它處理了「師生戀」這個社會議題，而描寫熱情的挫敗、性靈的毀滅，更是文學小說常見的「內在」主題。相較之下，小說A有點像是「天降系」的輕小說，情節充滿巧合，核心也是青春的浪漫情愫，談不上什麼太深的人性描寫。

答案可能會讓你很驚訝：

小說A的作者，是台灣文學界公認的重量級作家鍾肇政；

而小說B的作者，則是愛情文藝小說的宗師級人物瓊瑤。

「因人設事」的純文學

如果你拿著這兩個名字出去問其他文學人，十個有十個會認定鍾肇政屬於「純文學」而瓊瑤屬於「通俗文學」，一秒都不用考慮。但當我們把名字遮起來，只看小說內容時，你就會發現文學人自以為很堅定的區分方式，其實並不是那麼準確。鍾肇政有不少作品寫得像輕小說，瓊瑤也有刺探到內在深度的小說，這是無法否認但常被忽視的事實。在其他作家身上，這樣的例子也不會少。甚至你去找一九七〇年代，《聯合報》與《中國時報》最初一批文學獎的作品，更會驚訝於號稱純文學最高殿堂的「兩大報」文學獎，大多數小說根本非常通俗，一眼就能認出它們的類型血緣。

因此，作為一種意識形態，文學人確實對「純文學」有所堅持（或說有所矜持），基本上都同意純文學很重要，也會希望自己的作品被稱呼為純文學。但這套意識形態有趣的地方就在於，文學人對「純文學」實際上是什麼，其實是莫衷一是且變動快速的。於是只要稍微拉長時段來觀察，就會發現：在台灣，只有「純文學」這個旗號是不變的，其內涵卻從來沒有確定過。

我認為，這其實透露了文學人「因人設事」的一面。並不是先有一個「純文學」的概念，然後人們才去依樣畫葫蘆，成為純文學寫作者；而是有一群在階級上、知識上都相對有資源的文化精英，他們先有一個集體的寫作傾向，然後將自己的傾向命名為「純文學」。所以，隨著時間過去，精英寫作者代代更替，「純文學」的定義自然就不斷滑動。

不必說得太遠，光是我從高中開始寫作以來的這十多年，「純文學」都有所滑移了。在我高中的時候，我們如果講到「純文學」，一定是現代主義氣息張揚、美學形式濃烈的作品。那時寫詩的年輕人不是師法夏宇，就是師法楊牧，像是過去幾年任明信、潘柏霖的風格，對那時的我們來說都太簡單，沒人會這樣寫的。而講到小說，一定都是充滿內心獨白、力求文字骨感、情節壓抑的作品，很難會有這麼多文學人喜歡楊双子《花開時節》這樣的作品。那時的「純文學」，自然是上一代中堅作家定義的；時往事移，我們這一代人在不經意間，也成了能發言推舉、有定義之力的人了。可以想見的是，再過二十年甚至十年，想必也會有新的中堅作家以自身的品味填充「純文學」這一舊旗號。

是好是壞，我此處不做價值判斷。「意識形態」也者，就算知道它有問題，文學人也很難斷然免疫的。但我覺得可以注意的是，意識形態往往會遮蔽我們的邏輯漏洞，製造出不準確的區分或對立。回到前面講過的那一串與純文學相連的概念，幾乎每一個詞都可以找到明確的反例。你說純文學「嚴肅」？楊双子《花開時節》就是嚴肅的通俗小說，而隨意為之的純文學小說又哪裡難找了？我可不覺得王文興的《剪翼史》有在嚴肅思考什麼事情。你說純文學「創新」或「實驗性」，但現代主義技法已經引進台灣七十多年了，仍然是純文學的主流美學，究竟創新何在、又哪裡有實驗？而像「二師兄」這樣的創作者，他的文字絕對通俗，但誰能說其中沒有創新成分？雖然不少純文學作品確實非常關注「社會議題」，但並不是純文學的專利，否則侯文詠的《危險心靈》怎麼算？

重點在「堅持」本身

如果要說「純文學」真有什麼明確的存在跡象，我反而認為並不是在文學表現上，而只能在制度上尋找。在台灣，「純文學」跟「通俗文學」最大的、可以實證的差異，恐怕是前者擁有相對完整的文學制度，而後者的新人需要經歷更辛苦的單打獨鬥過程。「純文學」在市場上的表現非常貧弱，但由於參與者是文化精英，比較有能力討到政治資源、獲得相關的補助，所以擁有大量的文學獎、文藝營，補助、書獎，以及終身成就等級的國家榮銜。一名優秀的純文學創作者，是可以從學生時代到開始拿獎、拿補助，一路活到獲頒「國家文藝獎」，全程不參與市場機制的（詳細的流程可見《作家生存攻略——作家新手村1 技術篇》）。相較之下，通俗文學雖然也有若干獎項和專門出版社，但數量較少，制度也不穩定，某些獎補助項目時有時無，與其市場影響力毫不相稱。一名通俗文學的創作新人要撐到有所成就那天，其實遠比純文學創作者要困難得多。

因此，面對「怎麼區分純文學與通俗文學」這種問題，我並不真的在意兩者之間的絕對差別。我當然可以描述出「現在」的暗規，然而不必對這種不斷流動的定義過於認真。文學人堅持「純文學」的意義，並不在「它是什麼」，而在於「堅持」本身：對於自己的文學信念、美學判斷，你有沒有堅定邁步的方向？

必須有所堅持，相信你所相信的——這才是這套意識形態真正的核心。

9 —— 文學人意識形態：創作優先

誰是文學作家

先來個沒什麼道理的選擇題。

請問下列四個名字當中，哪一位是「文學作家」？

Ⓐ 陳蝉

Ⓑ 吳明益

Ⓒ 傅月庵

Ⓓ 林育立

如果你覺得這是個複選題，選了超過一個選項，那很好，代表你是一個心態開闊的人。如果你看到這題，腦中有閃過「非虛構寫作也是文學啊」這個念頭的，那更棒，代表你的文學知識很不錯，對於不同的文類有完整的認識。

但如果你直覺的答案是Ⓑ，我不知道該不該恭喜你，但你毫無疑問是很純（＝某些東西嗑太多）的文學人。你擁有我們正要談的「文學人意識形態」，即「創作優先」。

所謂的「創作優先」，指的是文學人在辨識自己和他人時，會採取的一種特殊價值觀。或者你也可以說是偏見。**這種價值觀認為，並不是所有的文字寫作都屬「創作」，它必須在內容上或形式上有很高成分的創新，並且帶有強烈的個人印記。**它最看重的是「只有某人才能寫出來的某種東西」，因此，若一篇文字作品所呈現的內容，是來自社會外在的專業知識、田野調查，而非從作家內在的思維中產生的，那它就會被視為創作性質較低，是較為次要、不能使其作者被認定為文學作家的作品。

而在台灣的脈絡裡，簡化一點說，就是只有「小說」、「詩」、「（抒情）散文」這三大傳統文類，才會被認定為「創作」。寫過這類作品，並且因此得到肯定的作家，才能算是「文學作家」。

這聽起來很抽象、很褊狹，但我們直接以選擇題的四個選項來討論看看，你就會發現這種意識形態多麼深植人心：

首先，作為直覺正解的吳明益，毫無疑問是文學作家。因為他最主要的作品如《單車失竊記》、《天橋上的魔術師》等，都是小說作品；除此之外，他還有著名《迷蝶誌》、《蝶道》等著作，這些都是散文。這些小說、散文都帶有作家強烈的個人印記，因此被視為是他的主要「創作」。

但與此相對的是，他將自己的攝影與散文合輯成為《浮光》，卻比較不會被視為他的主要「創作」，因為這本書的文字當中有大量攝影史和攝影知識——即便「攝影」本身明明也是一種藝術創作活動，但這並不能增加作家在文學創作方面的貢獻，而隱隱然被文學人視為較次要的「其他成就」。你可以捫心自問，剛剛看到吳明益這個名字的時候，是不是腦中先浮起小說、散文的書名，然後才可能輪到《浮光》？

接下來的三個選項，說是「作家」沒有疑義，但卻不見得會被視為「文學作家」。

陳茻出過《地表最強國文課本》系列，本質上是兩本以國文課文為選材範圍的文學評論集。陳茻的評論當然有自己的創見，文字的抒情性很強；而且廣義來說，論述性的散文也是散文。但在台灣的脈絡下，這本作品還是不會被視為「創作」。傅月庵出了幾本談「藏書」的書，廣義來說也是散文，然而強項不在文學性，自然也不是「創作」。林育立是記者，出版了介紹德國動態的《歐洲的心臟》，影響力廣大，深度與意義並不遜於任何文學作品，但即便在「非虛構寫作」這觀念已經比較流行的現在，人們直覺上還是不會把它當成「創作」。

稍微抽離一點看，這種區隔標準沒什麼太大的意義，對於平常不閱讀的人來說，只會覺得「你們都文青，不用分那麼細」。但對於讀者群和作者群來說，由偏好形成的界線，正好是構成自我認同的基礎，也是出版社抓出分眾的依據。「創作優先」這種意識形態，不但構成了文學作家的價值觀，也深深影響文學讀者的思考方式——如果我上面舉的例子，對你來說還有點疑義，那你可以轉換一下想像方向：假設今天你認識了一個人，自稱喜好文學，平常最喜歡讀的書是《有錢人想的和你不一樣》，你的感覺如何？

如果你會翻白眼，就是這個感覺。你的感受，就是你作為「文學讀者／文學作家」的自我認同受到冒犯的結果。

（如果你聽到這個答案還能心如止水，你的創作之路可能滿危險的……）

差別只在於，《有錢人想的和你不一樣》是非常明顯「不文學」的案例，而陳舜、傅月庵、林育立則是比較靠近界線、比較容易混淆的例子。

不只定義圈外，也排序了圈內

更進一步說，「創作優先」的意識形態不但區隔了文學圈內與圈外，即便在圈內，都會隱隱然產生價值排序。**對於一名文學作家來說，最成功的生涯是「專心於創作、並且單靠創作獲得成就」，這才是純粹美好的作家的一生。**因此，唯有從事自己的小說、新詩、散文創作，才是「本務」，其他無論演講、評審、寫其他邀稿都是「外務」；創作以外的其他成就再高，終究不如創作本身受到看重那麼甜美。

這種思路非常頑強，而且根扎得很深。我念高中時，遇過兩、三位有創作經驗的老師，每一位老師都勸我離開耕莘寫作會，因為他們認為文學社團、文學營隊都是「外務」，要我專注於創作的「本務」。而直到現在，我身邊許多朋友都還有個夢想，就是透過現在的工作存夠錢之後，能夠勇敢辭掉，隱居起來寫自己不賣也無所謂的書。而且我們都尊敬且羨慕已經這麼做的人，比如寫出《文藝春秋》的黃崇凱。

而如果你看過我之前的直播，你應該多少有聽過，有人會在我的匿名提問區，用訕笑的語氣問我：「你的小說不如你的評論有名，對此你有什麼感覺？」

這些都是同一思路的展現。它預設了一名文學作家就是應該純粹創作，其他表現都是不務正業（因此，你正在讀的這本書，毫無疑問是我不務正業的證據）。

更令人尷尬的是，**同樣是文學創作，不同文類之間也有不明說的價值階序**。一名寫作者同時能寫小說和散文時，通常會比較希望以小說家成名；新詩和散文都寫得好的時候，詩人也是比較優先的頭銜。所以余光中是詩人，楊牧是詩人，朱天心是小說家，即使他們的散文都寫得滿好的。如果一個人同時能寫小說和新詩呢？大家就會挑一個強的來當代表，所以駱以軍是出過詩集的小說家，陳千武則是出過小說集的詩人。在強調「創作優先」之「本務」的文學世界裡，我們並不喜歡「斜槓」。

而在同一文類當中，一般也認為篇幅長的優於篇幅短的。能寫長篇小說、長詩和大散文，便優位於短篇小說、小詩或隨筆，「極短篇」自然又更等而下之了。

此處的價值階序，還是可以用前述的「內容上或形式上有所創新，並且帶有強烈的個人印記」來解釋：在刻板印象中，小說與新詩需要作家花費很大的力氣去「經營構作」，而散文相對更像是生活的「自然紀錄」，感覺上就「沒那麼創作」。同一文類當中，長篇當然又更有「經營構作」的成分，所以優先於短篇作品。

「意識形態」與「現實情況」的雙重性

我猜很多人看到這裡，應該會有點傻眼了。

我上面描述的這種「創作優先」的意識形態，基本上與「作家的新手村」系列文章的預設理念背道而馳。如果依照這套意識形態來看，整本《作家生存攻略——作家新手村1 技術篇》都在講「外務」，甚至還會不斷強調「本務」不一定是最重要的事情。

「所以你都在唬爛我們？」

當然不是。我要講的是，「意識形態」和「現實情況」往往是有差距的。「意識形態」告訴我們，創作是絕對優先的；但「現實情況」是，你應該把自己創作的作品視為一個「專案」，主動開案之後還要被動接案，讓那些「外務」來延長此一專案的商品週期，好為你換得下一個創作專案。「意識形態」認為小說、新詩是最主要的文類，散文次之，其他都不算數；但「現實情況」是非虛構寫作在台灣越來越受到重視，而散文其實是三大文類中最有市場性的文類。「意識形態」讓我們只想要隱居寫書，「現實情況」是你要盡量活動、接案才能延長寫作生涯。

一名專業的文學作家，就是要能夠生活在這樣的雙重性之中：既保有這份意識形態，而又能適當的因應現實情況。既不因為前者而輕忽後者，也不因為後者而遺忘前者。

也許有人會問：既然如此，為什麼還要抱著這種背離現實的意識形態？拋掉這些無謂的堅持和區分不就好了？

而且這套意識形態不但不現實，有時甚至不正確。如果細細推敲上面的描述，你會發現裡面充滿了很容易駁倒的細節。光是「為什麼三大文類才算創作」、「為什麼報導和論述不算創作」就有得吵了。

但我可以再一次自首，即使我理智上知道它不現實、不正確，我最底蘊的情感還是認同這套意識形態的。這就是意識形態可怕之處，它比理性還根本，比現實還頑強。

何以如此？因為大多數的文學創作者，本來就不是被「現實」和「正確」召喚到文學創作的道路上來的。我們一開始就是因為相信文學創作本身有獨一無二的價值，或者認定文學創作對我們有無法割捨的意義，我們才會走上來、留下來。

用個簡化的比喻就是：一個喜歡吃咖哩飯的人，走進了一家賣滷肉飯的名店，他還是點了咖哩飯。你跟他說選擇滷肉飯才是理性的選擇喔！這樣才會讓你這一餐得到最大的滿足喔！這家咖哩飯的價格比較貴，吃起來不划算喔！這統統都沒有用。因為他的核心關懷就是咖哩飯。如果他身上不小心錢沒帶夠，那有可能被迫吃滷肉飯，但他自己知道那不是他最想要的，他會努力讓自己下次帶夠錢。

這種「創作優先」的核心關懷，會讓文學創作者變得有點自我中心，因為它不斷在要求個人的原創性思維，相對輕視其他沒那麼原創、但可能很需要有人寫的題材。它會不理智地要求每一本文學書都應該寫出新局，不接受「不新但表現不錯」的作品，把創新程度較低的作品視為作者的怠惰，而忽略了這本書可能在其他方面也下了不少工夫，比如田野調查或資料收集。

然而，這種鑽牛角尖式的苛求，卻也正是文學創作進步的原動力。在市場不關注、書評普遍缺乏鞭策能力的情況下，「創作優先」的意識形態，成為了每一位文學創作者背後的隱形教練。這位隱形教練，會在他忙於外務時譴責他、會讓他不計成本效益，願意提筆再寫下一本無所謂賣不賣的「文學創作」。

這就是為什麼，無論政治環境如何嚴酷、出版市場如何萎縮、文學教育如何失敗、媒體環境如何冰冷，一代代的文學創作者始終前仆後繼，不斷繼續從各個角落冒出來。明明沒有任何人能許諾任何好結果，但總是會有更年輕的筆加入這支隊伍。

而這就是為什麼我要寫「作家的新手村」。我不擔心那些對「創作優先」這套意識形態無感的人，他們寫或不寫，一點也不會增減文學創作的總體能量。我擔心的，是那些全心全意相信「創作優先」，因此而無法適應現實情況的人。

所以，我沒有唬爛你。正是因為我知道，我們心裡想的都是「創作優先」，所以才希望在新手村裡面提供一些裝備，讓大家活過「現實情況」的寒冬。那樣的理念之火，是可以被保護下來的。

10 ——文學人意識形態：原創性

從法律的觀點來看，「抄襲」是一件小事。「抄襲」畢竟只是局部挪用，不像「盜版」一樣是整個作品重製販賣，情節本來就不算重大；文學作品的產值通常不高，又更讓抄襲行為的侵害和賠償高不起來。

但這件小事，在文學圈裡幾乎被視為最嚴重的罪行。文學人對於抄襲者的否定幾乎是全面性的。除了少數人脈豐厚的資深作家（比如抄維基百科的陳玉慧現在還能出書——事實上，我覺得這是台灣文學史上最丟臉的抄襲事件，抄的甚至還不是文學作品），大部分文學創作者只要一次抄襲，在文學圈內就會直接黑掉。雖然網路時代沒有真正的「封殺」，永遠可以找到其他跟讀者接觸的管道，但抄襲已能讓夠多的業內人士直接把你列為拒絕往來戶，因此會產生的金錢損失和名譽損失，絕對超過法律的懲罰。如果抄襲者是新人，更可以直接準備轉行了。

一般來說，文學人並不算是特別有道德感的一群人。但唯有講到「抄襲」，我們的嚴格程度不但會超過法律，也會超過大多數人。

這當然也是一種意識形態。之所以如此，我認為是因為**文學人對「原創性」有著極大的尊崇**。

這是一個跟前篇講的「創作優先」有點像，但不太一樣的意識形態。「創作優先」指定了文學人的「本務」是什麼；而對「原創性」的尊崇則更進一步，是文學人衡量自身與他人的價值量尺。在這種意識形態下，你是不是一個有價值的文學人，你在他人眼中是什麼分量，是以「原創性」的多寡或強度來判斷的。

聽起來好像很正常，如果我們認為「創作優先」，自然會推崇「原創性」，不是嗎？其實並非如此。**文學史上大多數的時代，人們並不覺得「原創性」是多麼重要的東西，當然更不會用「原創性」來衡量創作者的品質**。人類歷史早期的作品，幾乎都不太重視作者是誰，也不認為拿前人的作品來修修改改有什麼不對，類似的情節一寫再寫、不斷疊加新版本是很常見的事情。我大學時修過史學方法論的課程，查同一個歷史人物的歷代傳記資料，幾乎都是一個版本出來之後，大家就一起抄，七、八份資料可能都會用一模一樣的字句講同一個哏，有時候還會出現某人寫錯一個地方，接下來幾百年大家就一起錯到底的慘劇。在這樣的狀態下，人們當然也不會認為「我寫的東西是我的資產」。西方和中國都曾有作者寫出作品之後，卻冒名、假託為前人的案例；比起「把作品列入自己名下」，他們傾向借名人的名字來行銷，或者以他人之名來避禍。

總而言之，「重視原創性」並非人類自古就有的觀念，而是與出版業、現代主義等因素一起產生——前者為了分潤酬勞，自然需要確認作品的歸屬；後者則讓作家覺得自己是「新事物」的創造者，有著獨一無二的地位。

「新」比「好」更重要

如此對「原創性」的尊崇，其效果並不只有厭惡抄襲而已，甚至會影響作家對作品的判斷。舉個例來說，如果在文學獎當中，出現了A、B兩篇作品，它們各自的特色是：

A：作者技術高超，找不出缺點。但從題材、思想到手法，沒有任何創新之處。

B：作者技術生澀，有明顯的失誤。但它在題材、思想或手法上，採用了前所未有的新寫法。

如果你是評審，只有一個名額，你會勾選哪一篇？

我個人是非常重視技術、喜歡純熟而零缺點作品的人，所以大多數時候我都會選A。但是，如果B的創新程度，真的到了「前所未有」的地步，那就算它犯了初學者等級的大錯，我可能還是會忍痛選擇B。更不要說，很多作家其實沒那麼重視技巧、也不那麼在乎缺點，就算B的創新不到「前所未有」的地步，只要稍微新穎，他們都會選擇B。

幾年前，我曾經和一位我非常尊敬的大神級小說家同場評審。他勾選了一篇我覺得比高中生還不如的作品，我非常驚訝。只見他微微一笑：「我知道這篇品味非常差。不過，就是因為沒有人會這樣寫，所以我還是選了。」

這是一般讀者很少會意識到的一種抉擇。在「新」跟「好」之間，很多文學人會選擇「新」，即使「新」得「不好」，只要有此一瑜就可以遮百瑕。對「原創性」的尊崇，強固如此。

「致敬」與「抄襲」

這套意識形態也會作用在「致敬」上。「致敬」是一個跟「抄襲」常常綁在一起出現的詞彙，圈外人有時甚至認為，前者只不過是後者的託詞而已。當然，文學人都非常清楚，這兩種行為的本質恰恰相反：「抄襲」是要偷取他人的原創成果，「致敬」則是因為尊重他人的原創成果，所以要在自己的作品裡闢出一席之地，以紀念前人的啟發。但是，圈外人的想法也不是空穴來風，因為就外型來說，兩者表現在作品裡面的樣子非常相似，很難光憑文字本身就截然區分開來。

比如說，有一種常見於小說的抄襲模式，是將別人寫過的情節挪過來，只把人名、地名、時間等表面元素換掉。比如二〇一七年時，何敬堯抄襲宮部美幸的事件，就屬於這種情況。然而，在我自己的小說《暗影》當中，最後一場球賽的結束方式，也與一九七七年小野的〈封殺〉雷同，雖然我自己完全是有意識要致敬，但從讀者的角度看來，我和何敬堯的行為確實有相似之處。

或者有一種更低段數的抄襲，是連字句、意象都高度相似，甚至直接挪用別人的哏。比如二〇一六年時，劉正偉抄襲蔡仁偉的事件。然而，擅長操作「致敬」和「互文」的小說家黃錦樹，他的許多小說甚至從標題就跟前人的作品完全一樣、內文也有直接置入整句相同文字的，如〈落雨的小鎮〉之於東年、〈悽慘的無言的嘴〉之於陳映真、〈傷逝〉之於魯迅。這兩者之間看起來也很像。

當然，我的意思並不是要說我和黃錦樹的作品有抄襲的嫌疑。任何有一點基本概念的文學讀者都看得出來，有一些參數可以區分出抄襲和致敬，比如「雷同處占全篇的比例」、「扣掉雷同處後，作品本身是否有足夠多的新內容」之類的，正是在這些參數上，我們才會覺得何敬堯和劉正偉的行為不合理。

然而值得注意的是，我們所說的「參數」，其所構成的界線，本質上仍是一種人為的、約定俗成的結果，而並不真的有什麼絕對客觀的標準。「雷同處占全篇的比例」很重要，那是多少比例以上會被認定為抄襲？一〇％？二〇％？六〇％？「扣掉雷同處後，作品本身是否有足夠多的新內容」聽起來很有道理，那什麼叫作「夠多」？四〇％？七〇％？什麼又叫作「新內容」？如果我寫了一個超老哏的父子離別場景，這是算朱自清的還是算我的？（甚至，朱自清那篇要算誰的？）

很頭痛嗎？這還不是最可怕的。上述追問，還只討論我們這個時代的判準，如果我們把時空因素加進去，不同時代、不同文化，生出來的答案恐怕都不會一樣。

含糊的判準

由此我們也可以感受到，所謂的「原創性」，就是一種看似很清楚、大家一目了然，但實際上充滿各種含糊界線的概念。而當它在圈內實作，遭遇定義不清之時，我們就會啟動某些意識形態預設來把它「橋」過去，就像人類每天過日常生活的方式一樣。

真要考究起來，它正是依靠人們的不太考究，所以才能運作得彷彿有個樣子。比如我大學時第一次讀到一九八〇年代黃凡的〈如何測量水溝的寬度〉十分驚豔。這篇小說一直到現在，都被很多人視為台灣「後設小說」的起點，在台灣文學史的脈絡看來，確實是頗新、頗有原創性。但過幾年之後，我才發現早在一九六〇年代，朱西甯就寫過〈冶金者〉了，這也是毫無疑問的後設小說，只是這二十年間致力於此的人太少，注意到的人更少，黃凡才會被視為第一人。再過一陣子，我赫然讀到龍瑛宗寫於一九三九年的〈趙夫人的戲畫〉，我心目中台灣後設小說的起點又再推前二十多年，至少可以拉到日治時期。此時回頭再讀黃凡，心裡自然不再像初讀一樣，那麼驚豔於它的原創性了。

而這還是在台灣。從龍瑛宗留下來的一些線索判斷，他之所以能寫出〈趙夫人的戲畫〉，很可能是受到法國作家紀德、西班牙作家塞萬提斯的影響。

如此一來，我們能說龍瑛宗等人很有原創性嗎？

或者，更難的一題：**我們能說他們「沒有」原創性嗎？**

如同「創作優先」，在追求「原創性」的意識形態運作良好時，也能激勵作家往好的方向前進。「創作優先」鞭策作家無視世俗利害，全力投入文學寫作；「原創性」的追求則鞭策作家創造新事物，走上人煙罕至的另一條路。

真正嚴格意義下的「原創性」是並不存在的。當我們操作著數千年演變至今的文字時，我們已不可能擺脫歷史、文化的沉澱物，我們的用詞、我們的文法、我們的語感、我們理解人類的方式，都不是全新的。若能夠在這樣的積澱之上，創作出一點點新東西而能被記在自己的名下，那已是莫大的榮耀了。

這很難，而且僅僅如此，成功率就已經很低了。我最喜歡的台灣作家郭松棻是這樣說的：「文學要求精血的奉獻，而又絕不保證其成功，文學是這樣的嗜血，一定要求你的獻身。」對文學有獻身之志，很多人都有；但有「不保證其成功」的覺悟，卻不是人人都有、人人都能忍受了。

不過，我們本來就不是因為它很簡單而來到這裡的。

11 —— 文學人意識形態：情感優於理性

「書念太多就不會寫了」

我高中時，遇到一位國文老師。他很難得，對現代文學有涉獵，且本身也有一些創作經驗，因此也是我少數願意聊上幾句的國文老師。我也不太記得在什麼場合了，他突然跟我聊起了「知識與創作之間的關係」，他用非常肯定的語氣對我說：

「書不要念太多，不然你就不會寫小說了。」

我當時滿錯愕的，我出身自連續兩代的教師家庭，我知道對於「老師」這種人類來說，「念書」如何是一種無上的道德指令和人生選擇。他們對於「念書」的執迷是宗教式的，就算自己畢業之後就沒翻過幾頁書了，也要裝得像是知識的虔誠信徒一樣。第一次看到一隻活生生的老師要我別念太多書，頗有錯亂的喜感。

但他接著的一句話，我記了更久：「特別是文學理論，越念越不會寫。你看那個黃錦樹。」

那年我高三，嚴格說起來還不真的知道黃錦樹是誰，只依稀曉得有這麼一位作家。要直到四年後，我因緣際會去寫了研究黃錦樹的論文，知道他在小說創作與文學研究雙方面的重要地位時，才忽然把這一切都貫通了起來。不過，在那之前，我整個大學時代都時不時會想起這兩句話，並且為之感到隱隱的慌張。大學四年裡，我發現我對人文社科的理論滿有興趣，花了不少力氣在讀這些東西，而這些思想家往往也跟文學理論是互通的，所以如果那位國文老師講的是真的，那我的文學之路大概算是完蛋了吧？

回頭去看，那位國文老師當然不全是對的——不然我現在在這裡幹嘛——文學理論非但沒有阻斷我的創作之路，反而對作家的職業生涯頗有助益。基礎的學術訓練就算不能直接套用到文學創作上，但無論在撰寫媒體邀稿、還是在準備演講內容時，都是非常好用的。

不過，此刻的我也明白了：那位國文老師只是在說一些他自己也不是很懂的話而已，他並不知道自己的發言，其實根源自一種文學人意識形態，這種意識形態便是「情感優於理性」。

幽微的情感

所謂「情感優於理性」，是一種把「文學」跟「抒情」強烈連結的思考方式。在這套意識形態裡，文學最核心的價值，就在於表達「幽微的情感」。許多文學人認為，所有能夠透過理性去論證、去說明的知識（想想我的「弟弟」朱家安平常講的那些東西），都是可以用比較簡單的文字去處理的。因此，「文學作品」作為文字寫作最高級的形式，它不應該眷戀於有限的理性，而是要去再現、激發那些難以言傳的情感。

如果你聽過作家點評作品，不管是文學獎評審或其他指導場合，你一定會很常聽到「不可以說教太多」、「感覺不到角色情感」這樣的評語。包括我自己的寫作課，都會花上大把的時間在解釋這有什麼問題。這便是這套意識形態落實於創作之中，最具體的樣態。它不但指定了我們的思考方式，也指定了我們的美感。一旦有人用情感成分很低的方式寫作，我們就會認為那不是文學；相反地，一篇文章即使沒有提供任何知識，但只要有明確的抒情性，我們就會覺得它「很文學」。

只要看看「散文」這個詞是如何使用的，就能看到「情感優於理性」運作的痕跡了。當你去投文學獎時，描寫跟年邁雙親如何相處、如何既親近又互虐的情感，會是不錯的散文題材；但如果你寫的是〈論長照2．0的進步與侷限〉，你會直接在初審被刷掉，評審看到標題就決定了，頂多讀個三行確保你真的是非虛構寫作。即便前者可能了無新意，在文學人心中的評價還是會遠高於充滿學術洞見的後者。而在出版市場上，我們會稱之為「散文集」或「散文作家」的，一定是抒情性的散文，若剛好有點知性或學術氣息，那也只會是買一送一的贈品（如吳明益或劉克襄）。胡適〈我的母親〉是散文，但你不會看到有任何人把《拚教養：全球化、親職焦慮與不平等童年》的藍佩嘉稱之為散文作家，即便她的文筆非常好。很抱歉，她的知識太多了。

這樣講下來，也許有人會發現不對勁：前篇我們不是才談到文學人對「原創性」的執著嗎？**難道開創性的知識不算原創性？**沒錯，在這套意識形態下，還真的不算。在文學人心中，「原創性」是有指定方向的，知識上的原創性在文學作品裡面沒什麼價值，如何用富有原創性的方式描述情感，甚或描述一種少見的情感，那才是文學作品的當行本色。而某種程度上，「太過理性」可能比「沒有原創性」還要嚴重。**「沒有原創性」會讓我們覺得，你寫的**

不是好的文學作品；「太過理性」則會讓我們覺得，你寫的根本不是文學作品。

情感的精準VS理性的精準

因此，我們基本上可以說，這是一種很反智的意識形態。假設情感和理性可以截然二分，文學人傾向於把情感的強度盡可能開大，理性則可有可無，必要時甚至要隱藏起來。輕視知識久了，也往往會用進廢退，文字能力往往也就會極端往抒情的方向特化。

我和「弟弟」朱家安有次討論到一個詞，很可以說明這種特化的樣態：當我們說「某人文字很『精準』」的時候，「精準」的意思是什麼？朱家安秉持哲學人的立場，很自然地認為，「精準」就是文字全等於所要表達的概念，不多也不少；而我接下來花了很久的時間跟他解釋，如果我們在文學評論裡面看到「精準」這個評語，它指的反而是「放在此處恰如其分，且可以投射出多種想像」。比如顧城的〈墓床〉：

下邊有海，遠看像水池

一點點跟我的是下午的陽光
人時已盡，人世很長
我在中間應當休息
走過的人說樹枝低了
走過的人說樹枝在長

就以最後兩行來說，「低了」跟「在長」都是很精準的文字，重點不在它精確描述了畫面（它沒有說是低了十五度還是又長了三公分，並不求這方面的「精準」），而是透過這兩個詞，讓我們聯想到哀悼、低迴、憂傷等情緒。在這裡，「精準」其實更像是一個縮語，指的是「精準地勾出我們的情感」。

我自己講完也覺得，靠，我們文學人的精準根本就是在追求不精準吧。

而這種意識形態也有它的歷史成因。**如果我們讀過到日治時期的本省籍作家，或者某些比較精銳的外省第一代作家，他們的文學觀之中並沒有這麼明顯的「重情輕理」傾向。**早期的寫實主義者追求客觀呈現社會現實、處理政治議題，本質上就是透過小說形式來表達作家的社會分析，從出發點就不可能反智；早期的現代主義者則追求「現代的知性」、「冷靜解剖人性」、「去除耽溺的情感」，更是站在濫情的對立面。但這些東西，隨著戒嚴體制的長期籠罩而慢慢消失、轉化了。

文學史的論證不是本文的重點，我只簡單說明我的看法：**我認為，當代「情感優於理性」的價值預設，其實是作家與戒嚴體制長期磨合出來的妥協方案。作家追求創作的自由、個性的伸展，而戒嚴體制又要控制言論與思想，「抒情」便劃出一塊雙方都能接受的文學特區**：作家風花雪月、不說理不批判，就不會動搖政治獨裁，縱有種種不滿，情感宣泄完了也就完了，不會導致任何有意義的抵抗。更有甚者，鼓勵你追求「幽微」的情感，深刻是深刻，然而一旦幽微就注定小眾，有什麼比自我陶醉的一小群人更沒有政治影響力的呢？

歪曲的「台灣特色」

而雖然一路下來，我對這種意識形態多有批判——因為它製造了不少濫竽充數的文青，以為自己只要濫情一點就是在創作了——但我還是照例得承認，這種意識形態非常牢固地控制了我們對文學的想像，我也完全無法自免。除了極少數我非常敬佩的，像張亦絢這樣的作家之外，大部分的文學人都是服膺它的，或就算知道它有問題，也很難另外建構一套文學創作論去取代它。當大多數人都是從同一套意識形態所指導的體系下脫穎而出的，要這一群人去違逆自身本能，創建全新的意識形態和體系，自然是十分困難的。更何況，人類就是一種彈性極大的生物，就算我們都被一個歪七扭八的意識形態控制了，還是有人能夠寫出精彩絕倫的作品，這又使得這個體系更難被徹底挑戰。

但至少至少，我們應該謹記在心的是：文學並不只有「情感」一種樣貌，它也不該與「理性」相對立的。**將這兩者壁壘分明地切開，並且給予「情感優於理性」的價值判斷，本質上是非常具有「台灣特色」的，並非放諸四海皆準的。**在我因為那位國文老師的教誨而惶惶不安的大學四年中，我有幸在「社會學理論」的課堂上讀到一段文字，從而茅塞頓開，理解到這套意識形態並非無上的真理。這段文字是：

> 資產階級在它已經取得了統治的地方把一切封建的、宗法的和田園詩般的關係都破壞了。它無情地斬斷了把人們束縛於天然尊長的形形色色的封建羈絆，它使人和人之間

除了赤裸裸的利害關係，除了冷酷無情的「現金交易」，就再也沒有任何別的聯繫了。它把宗教虔誠、騎士熱忱、小市民傷感這些情感的神聖發作，淹沒在利己主義打算的冰水之中。它把人的尊嚴變成了交換價值，用一種沒有良心的貿易自由代替了無數特許的和自力掙得的自由。總而言之，它用公開的、無恥的、直接的、露骨的剝削代替了由宗教幻想和政治幻想掩蓋著的剝削……資產階級揭示了，在中世紀深受反動派稱許的那種人力的野蠻使用，是以極端怠惰作為相應補充的。它第一個證明了，人的活動能夠取得什麼樣的成就。它創造了完全不同於埃及金字塔、羅馬水道和哥德式教堂的奇蹟；它完成了完全不同於民族大遷徙和十字軍東征的遠征。

這是卡爾．馬克思的《共產黨宣言》，毫無疑問是思想史上的重要論述。它的學理性很強，但誰又能說這不是第一流的散文呢？就算在有點卡的翻譯之下，還是絲毫不掩它元素選取之妙。更有趣的是，當你對他所要表達的知識內容知道得越深，你就越能看出其中深刻的「文學性」。**在此，知識成為了文學的一部分，而不是一種外加的零件。**

而多年以後，我則不小心在一個尷尬的場合再次見到那位國文老師。那時諄諄教誨的他，現在已經沒有在創作了。整個人看起來，也完全失去創作者的樣子了。

12——文學人意識形態：必須負面

有一種文學雜誌的專題企劃形式，是用一個抽象概念或一個關鍵字為核心，邀請好幾位作家同時寫篇文章。這種專題企劃的操作門檻很低，編輯如果懶惰，只要想個「存有」、「現代感」或「遊戲」之類看起來有點什麼的詞彙，就可以直接去邀請作家了。這是一種連高中校刊社也會用的編輯手法。

編輯那端之所以簡單，是因為這種專題企劃，基本上是把思考內容的責任統統外包給作家。他們只負責命題，而我們要負責作文。有時命題的人隨手出一個看似平凡無奇的題目，作文的人就要抱頭燒好一陣子。我接過最頭痛的一個企劃邀稿，題目就是簡單到不行的兩個字：「幸福」。

靠北，這是要怎麼寫。你如果要我談談「不幸」，我可以瞬間寫出上百個虐死人的案例給你。但是「幸福」，而且要在文學刊物裡面談「幸福」？這太離譜了。

沒錯，我接到邀約的時候，腦中閃過的字眼真的就是「太離譜了」。我甚至有點生氣，堂堂文學雜誌的編輯團隊，怎麼可以提出這種企劃，這簡直是瀆職。那次邀約發生在十年前左右，我當時才剛出第一本書，對於各種「文學人意識形態」還沒太多防備心，完全是依照那套文青本能在思考、行動。於是，前面講的幾套意識形態同時啟動了：因為「創作優先」，**所以我直覺想要寫篇散文或小說交過去；因為「情感優於理性」，所以我思考的方向都是從個人經驗出發，想找到一些能對上「幸福」這種情感的題材。**

然而麻煩之處就在這裡：我的人生當然有幸福的經驗，但一想到要把這些經驗寫成創作作品，我就開始覺得反胃、噁心。對那時的我來說，要我用這麼正向、陽光、開朗的題目來創作，本身就是令人反胃、噁心的事情。

這跟學校裡面的「作文」有什麼兩樣？

我甚至覺得，如果我就那樣寫下去了，一定會被讀者唾棄的。

我想了半天，最後的解法就是：我挑出了經典文學作品中，有隱微的幸福感的場景，然後繞著這個場景，寫成了外表看似抒情散文、實際上算是文學評論的一篇文章，交了過去。編輯沒有挑剔，我也就安全下了這一莊——太好了，我沒有因為「幸福」這個正向的陷阱題而出醜。

深度在「負面」

現在回頭去看，我當時的掙扎是莫名其妙的。幸福就幸福，有什麼好生氣的？但我當時之所以思之無礙，**就是因為有「必須負面」這種文學人意識形態在背後運作，成為上述思路的前提**。只要你拿掉這個前提，就會覺得前面那段中二得很徹底。但如果你明白文學人對「必須負面」的執念，一切都順了。**所謂「必須負面」，指的是文學創作所追求的深度，基本上都存在於負面的情緒之中**，像是悲傷、憤怒、衝突、絕望……之類的概念。

既然「深度」等於「負面」，那很自然地，「正面」就會等於「淺薄」、「粗俗」、「無知」。因此，不僅「文學作品」要關注負面情緒，作為一名「文學人」，你最好對這世界也保持一定程度的疏離、不滿甚至怨懟，而不可以覺得這世界一切都很美好、什麼都有希望、大家都是好朋友。

這就是為什麼幼時的我，會對「幸福」這個題目如此憤怒了。如果今天是一個非文學的媒體出這個題目，我頂多就是覺得對方庸俗；但文學刊物出這種題目，就更添上一重被背叛的感覺。

「必須負面」當然是一種極其武斷的意識形態，它是某種創作經驗的凝結，但並不是非如此不可。一般來說，讀者讀到比較正向的作品時，會產生比較舒服、不被冒犯、得到撫慰或鼓舞的感覺。這些感覺比較不會帶來進一步的困惑，也比較不會促使思考，就像夏天窩在溫度剛好的冷氣房裡，人自然會變得安逸那樣。相反的，當讀者閱讀到比較負面的作品時，率先獲得的感受是不舒服、被冒犯、甚至覺得挫折或失望的。這些感覺不會令人享受，但正是因為有所不滿，所以更能引動人的思考。**這就是為什麼悲劇「看起來」都會比較有深度，而搞笑的作品「看起來」比較沒深度：其實變的不是作品，而是讀者的心態。**

這是它在創作經驗上的道理。但只要稍微從邏輯上推敲一下，就會知道它並不是顛撲不破的真理。有沒有可能出現情緒正向，但內容極為深刻的作品呢？有沒有可能出現情緒負面，但內容淺薄庸俗的作品呢？當然都是可能的。更不要說，直接將這兩種情緒對立起來，本身就是一件奇怪的事：大多數有品質的作品，都不太可能只有單向的情緒，甜美的故事往往是苦盡甘來，悲傷的結局需要曾經的美善。正反相依、禍福交錯，從而交織成文，這才是文學作品的常態。

找到平衡點

因此，大多數的文學人會隨著年紀漸長，慢慢地掌握到兩者之間的平衡，而進入一種比較成熟的狀態。在文學創作裡，你可以把「負面」視作一種特殊的力量。在大多數人類習於安逸的時候，少數容易不安、不滿於現狀的人，就比較容易寫出突破表象的東西。然而「負面」的力量是很難掌握的，一不小心就會過頭，成為中二時期的憤世嫉俗。文學評論中有所謂「少年法西斯」的說法，指的就是這種幹天幹地幹社會、但其實並不真的了解問題根源的泛道德化傾向。

文學人成長的功課，就在於控制自己的「負面」力量，使之成為更能穩定輸出的武器。但是，這裡仍有一個隱藏的危機。在我們控制「負面」的時候，也同時必須小心保護它，不能讓它完全馴化、完全熄滅。假設「負面」到「正向」是一道光譜，你可以自由調配各種比例，是三〇％負面、七〇％正向或反過來，都無所謂。然而，「一〇〇％的正向」是絕對不行的，因為文學人的最終仍然必須保持不妥協的底線，這便是文學作家和勵志書作家最終的差別。這就使得「負面」力量的控制，需要一種走鋼索的平衡感。

什麼都滿意了，你還有什麼好寫的？

跟我比較親近的朋友，多少也都聽過我的一則偏見：我認為，一名寫作者要是對某一宗教完全虔信，那這個人的寫作生涯就算是毀了。這一方面當然來自我個人的無神論偏見，另一方面正是上述「必須負面」意識形態的變形。宗教勸人一心向善，而一個全心全意的大善人，也許可以成為暢銷作家，但不太可能成為文學作家。心裡沒有一點暗面的，或有了暗面還怕露出來會得罪人、嚇到人的，那就不要再想「文學」這兩個字了吧。世界很大，我們這裡反正也賺不了什麼，失去了也不可惜的。

但當然，「必須負面」的意識形態，也會產生一些真正的負面影響。比如你去問一般人，他們對文學人、對文青的刻板印象是什麼，一定很快就會冒出「裝憂鬱」、「為賦新詞強說愁」之類的詞。他們的判斷並不完全是錯的，雖然文學人的憂鬱有些時候是真的，但假貨並不比真貨少。就像前面所說的，這套意識形態預設了「負面＝深度」，所以一個人想要假裝自己很有深度的方式，自然就是假裝自己很負面。彷彿只要先苦著一張臉，臉皮後面自然就會附贈一顆腦袋了一樣。

並不會。臉皮就是臉皮，腦袋就是腦袋。

理解文學作品的隱形門檻

總之，「必須負面」就像之前的每一組意識形態一樣，追根究柢起來都有弱點，但實際運行卻仍堪稱順暢，短期內也看不到什麼大規模改變的跡象。而當文學人都共同以之為前提時，那它就會變成理解文學作品、理解文學人的一道隱形門檻，沒注意到這道門檻的，永遠會被擋在圈外。

比如中國詩人海子的名詩〈面朝大海，春暖花開〉，就是必須跨過隱形門檻才能準確解讀的作品：

從明天起，做一個幸福的人
餵馬，劈柴，周遊世界

從明天起，關心糧食和蔬菜
我有一所房子，面朝大海，春暖花開

從明天起，和每一個親人通信
告訴他們我的幸福
那幸福的閃電告訴我的
我將告訴每一個人

給每一條河每一座山取一個溫暖的名字
陌生人，我也為你祝福
願你有一個燦爛的前程
願你有情人終成眷屬
願你在塵世裡獲得幸福
而我只願面朝大海，春暖花開

如果只憑字面意思，大多數人類都會覺得這是一首情緒非常正向的詩吧。但如果你問文學人，他們會給你正好相反的詮釋：這是一首非常悲傷的詩。

何以如此？文學人會這樣告訴你：解讀的關鍵，在「從明天起」以及「我／他人」。第一行「從明天起，做一個幸福的人」，反過來說，那今天呢？今天以前呢？如果幸福要從明天開始，那此刻以前恐怕都是不幸的吧。而最後一段，「我」為陌生人祝福，好的東西都給別人了，而「我」「只願面朝大海，春暖花開」，要求的東西如此卑微，顯然「我」原本的狀態是連卑微的東西都沒有的，當然更不能奢求陌生人所擁有的祝福了。

聽起來合理嗎？如果你被說服了，恭喜你，你可以沒什麼障礙地銜接文學人的思考方式了。

但如果你認真考究語句邏輯，你會發現，上面那段解讀的邏輯並不嚴密。當我們說「從明天起〇〇〇〇」的時候，並不必然是「今天以前都沒有〇〇〇〇」。所以從明天開始幸福，不等於今天以前是不幸的，「不幸」只是可能之一，也可以是「普普統統」或「沒那麼幸福」啊。而「我」把好東西許願給別人，也不見得就是自己沒有好東西、不見得就是卑微，也許

「我」真的是知足常樂、喜歡分享的人啊。

是的，從語句邏輯上來說沒有錯。但這就是「必須負面」意識形態啟動的時候了：當你身為文學人，你一旦看出諸種詮釋中，有著「不幸」和「卑微」的可能，你就會傾向選擇最負面的詮釋。因此，文學人會認為〈面朝大海，春暖花開〉是一首悲傷的詩，而且我們也有理由相信，海子身為文學人，他也是這麼想事情的。更進一步說，**他就是知道我們也會這樣想，所以才會這樣寫，而不擔心我們把它誤讀為一首溫馨的詩。**

至於「知足常樂」什麼的，就留給勵志書吧。

三、文學人幻覺圖鑑

在「文學人意識形態」之後，我們稍微轉一點方向，來談談「文學人幻覺圖鑑」。這系列的每篇文章，都會講一個從文青到作家都很常持有的迷思。如果說「意識形態」是有缺陷、但偶爾還有益處的一些想法，那「幻覺圖鑑」就是昧於現實的偏見。許多文學人會把這些說法掛在嘴上，但你如果聽到了，可以不用太相信他們，因為他們很可能也不知道自己在講什麼。他們沒有騙人的意思，只是比較少後設地思考自身的真實處境。

13 —— 文學人幻覺圖鑑：懷才不遇

我們先從「懷才不遇」開始。

有位比我年長的小說家，就姑且稱為Y吧。Y的短篇小說寫得非常好，我反覆讀過很多次。開始玩臉書之後，我們加了彼此好友，我頗感到受寵若驚。作為前輩，他有時會主動敲我聊天，告訴我各式各樣的文壇秘辛。一開始只是說某些老作家如何成群結黨，排擠新人。後來劇情越來越驚人，甚至連某位女作家是靠著跟報刊主編上床來換版面這種事都告訴我了。

我那時資歷尚淺，只覺得文壇果然黑暗，雖然毫無查證管道，但Y所言似乎符合某種刻板印象，於是一一放在心上了。

直到很多年後，我才赫然醒悟：Y跟我說過的故事，大概有一半以上是假的。

如果你讀過《作家生存攻略——作家新手村1 技術篇》，應該很快就會嗅出不對勁了。

就拿女作家用身體換版面這種劇情來說好了，就先不論這種性別想像有多惡俗，稍微算一下文章刊在副刊上的效應就知道很不合理。要說發生在一九七〇年代也許還有點可能，在網路世代之後，誰會為了三千元的稿費和三千次不到的點擊率自薦枕席？同人場裡面厲害一點的本子都不只這個能量了。

當然，我不是在說文壇人士乾乾淨淨，絕無私相授受或威脅利誘之事。寫作者也是人，他們的道德水準也是一般人的水準，不特別高也不特別低，你同事同學會做的事，他們大概也都少不了，差別在他們稍微比較知道如何控管公共形象。但問題是文壇本身十分羸弱，所牽涉到的利益實在太低，因此所謂「文壇鬥爭」其實沒有想像中精彩，大都只發生在人際關係或理念結合而成的小圈圈之間而已，並不會比任一公司的辦公室劇情好看到哪裡去。

如果是這樣，Y為什麼要捏造那些故事？

這是我更晚才明白的道理：因為他覺得自己懷才不遇，他是用這種方式，來解釋自己為什麼沒有受到重視的——因為我沒有送禮、沒有諂媚、沒能獻身、有人陰謀要鬥我……而這種「懷才不遇」的悲憤感，時不時會在文學人身上出現。有些感慨是有道理的，我確實覺得某些人值得更好的對待；但在許多時候，這種悲憤很可能只是搞不清楚狀況而已。

我們可以簡單分成兩個層面來說，一是「才」，一是「遇」。

其實，大家都沒什麼才華

什麼是「才」？最直觀的想法，當然就是天分或才華。但這其實不只是「某人身上擁有的特質」而已，它還得在適當的社會條件裡，才能展現出來。一個能夠在一分鐘之內下五百個指令的人，生在當代，他可以成為優秀的電競選手；但如果生在石器時代的，他就會是再平庸不過的一般人，因為當時人類沒有任何工具可以讓他展現這種節奏感。同理，**當我們說某人有文學天才時，意思是「他身上擁有的天分或才華，剛好與當下的文學要求相匹配」**。縱然地球上七十億人口可能各有喜好，但能形成起碼的產業規模，去養活某種寫作天分／才華的文學要求，種類畢竟是有限的。因此，確實有可能出現那種「某人明明是天才，但當代就是沒人會欣賞」的情況。

但話又說回來，人類文明的進展，是朝向價值的多元性邁進的。媒介與知識的容量越來越擴充，文學品味當然也是。一九五〇年代的台灣，如果你沒辦法寫外省腔的「國語」，你就找不到發表的地方。二〇二〇年的此刻，就算沒有人願意幫你出版，你至少還可以貼上部落格或臉書，而且點閱率很容易就會超過台灣文學史上半數刊物的銷量。**單一的、強大的、壟斷性的體制（比如過往一舉成名天下知的副刊）煙消雲散了，我們面對的是一個無力保證走紅，卻人人都可以上場玩玩的時代。**如果某一位寫作者的風格比較冷僻，這個時代已經不算太差了，在過去可能連上場的機會都沒有。

更進一步說，天分或才華真的是決定作家成就的最重要因素嗎？在我看來，這完全是錯誤的刻板印象。如果你循著文學史的脈絡，大規模把作品讀過一輪，**你會發現文學史基本上是由一群滿努力的普通人組成的，只是偶爾不小心會跑出幾個天才。**以台灣文學史來說，整個日治時期的小說家，會讓我真正感受到天分很耀眼的，可能也不過四、五人（比如朱點人、呂赫若）。歷史本來就是以努力的普通人作為中堅的。

而文學史還是經過篩選的產物了，同時代表現更平庸的寫作者甚至可能還不會入列。現下還在活躍的寫作者當中，真正有常人難以企及的「天才」的，每個世代或許也就一、兩人。我也在很多地方提過，我從來不認為自己是有天分的寫作者，從高中到現在，我所認識的同輩，天分在我之上的所在多有。然而，這並不影響我、不影響眾多寫作者經營他們的「文學事業」。

重點是待遇的期望值

如果「才」並沒有想像中重要，為什麼還有那麼多人感到委屈？我覺得問題反而出在「遇」上面。文學人得到什麼樣的待遇，他才會覺得自己的才華得到了應有的重視？

這可以從一份調查來看出端倪。二〇一六年九月，我和朋友正在編一份叫作《秘密讀者》的文學評論刊物，我們策劃了一個專題來調查寫作者的職業狀況（這份專題的部分數據，會收錄在本書最末）。這次調查收集了一百多位寫作者，我們把這些樣本分成出過書的「出書組」和未出過書的「未出書組」，兩類各占一半左右。由於是小樣本調查，且抽樣顯然有所偏誤，所以統計結果只能做很有限的推論。不過，統計出來的數據還是有一些有趣的東西。我們設計了一個區塊，叫作「認知與期望」，就稿費、版稅、起印量等問題，詢問寫作者內心的期望。每一個問題，我們都會問他們「覺得自己獲得基本回報的最低數字」和「覺得自己受到優渥對待的數字」，總共有六題。以下我引用的都是各組平均數。

關於稿費，我們問：「發表文章時，最低每字多少元的稿費，會讓您覺得付出得到了基本的回報？」未出書組的期望是每字一．三元，出書組的期望是每字一．七元。而根據我們在《作家生存攻略——作家新手村1 技術篇》說過的行情價，標準的稿費是每字一元，因此我們可以知道，大多數寫作者對於稿費的現狀都是很不滿的。

然而，這是六個題目裡面，唯一出書組高於未出書組的數據，接下來的每個問題，出書組都會開始變得比較保守一點（即使還是超過一般行情）。問到「發表文章時，超過每字多少元的稿費，會讓您覺得這是優渥的報酬？」的時候，未出書組的期望是每字四．九元，出書組的期望是每字三．四元。未出書組的期望，基本上已是台灣媒體中最高等級的稿費了，就我知道的，只有「端傳媒」、《蘋果日報》和時尚雜誌「可能」開出這種價格。

而在版稅部分，出書組的人覺得版稅率要有一二％才能得到基本回報，未出書組的人想拿的是一五％——在文學出版社，一五％通常是賣超過一萬本的作家才會有的待遇。出書組心目中優渥版稅率是一八％，未出書組的是二一％，這都是龍應台級的跨國文化明星才有機會摸到的數字。

最有趣的可能是「起印量」了。出書組認為基本上有1,693本，就算及格了；但未出書組希望可以有3,834本。在這一題上，出書組的期望數字非常「務實」，平均下來的數字跟現實的出版情況差不多，而未出書組卻有很甜美的期待。而要怎樣的起印量才算優渥呢？出書組想要2,875本，非常接近「三千本就算暢銷書」的文學圈共識，這也很「務實」；但未出書組希望可以印3,917本——「優渥」與「基本」的數字竟然非常接近！也許是因為未出書組從一開始的期望就很高，要就要最好的。不過，這個數字應該還有一些問題要釐清。從次數分配表來看，未出書組在「基本期待」這一題，僅有接近一〇％的人填了三千本以上的印量；而在「優渥期待」這一題，卻有二七％的人填了三千本以上的印量。

在這一堆數字中，我們至少可以發現：無論有沒有出過書，文學人對於稿費、版稅、起印量等「待遇」的平均期望，都是高於現實情況的。就此而言，文學人普遍都覺得自己是懷才不遇的吧。而我覺得更值得注意的，是「未出書組」幾乎所有數字都高於「出書組」這件事，這代表大多數尚未入行的新手，對這個行業的待遇是有不切實的期待的。當這樣的人開始努力投稿，投不上的自然悶悶不樂，覺得自己不被重視；就算是擠入窄門的佼佼者，接著也會立刻發現市場的冰冷。

某種程度上，「作家的新手村」就是在我看到二〇一六年的這份數據之後，開始醞釀萌生的寫作計畫。我不是要批評這些寫作者的主張不合理，事實上，如果換一個環境更好的國家，他們大部分的期望並不過分（版稅率可能真的有點太優渥了啦……）。然而，我認為需要有個管道來讓資訊稍微公開一點，以免大家帶著錯誤的期望投入自己的人生。大家都清楚目前市場的狀況之後，至少還有願者上鉤、不願者去的自由。

而扣除掉上述數字，所謂「待遇」還有一個很大的面向，是所謂的「知名度」。從少年到老年，許多文學人喜歡哀嘆讀者的冷漠，為什麼自己的努力都沒有被看見。如果你比較長期追蹤過我的言論，你會發現我是不講這種話的。因為我認為這種期望很不合理，這等於是在說「因為我選擇寫書作為職業，所以我就應該要爆紅」。但憑什麼？社會上各種各樣的專業，大多數人都是平平穩穩工作，獲得一些業界的名聲，而在大眾之間毫無知名度，也可以有不錯的回饋感。憑什麼文學人比其他專業人士更值得大眾的注意力呢？因此，你會發現在《作家生存攻略：作家新手村1技術篇》裡，我首要強調的通常都是你跟業界人士之間的信任關係，而不是追求爆量的讀者。紅不紅這件事，有時真的是需要機緣的；但好好把工作做到讓人願意pass案子給你，是人的努力可以達致的合理期待。

也許有人會說，作家是一種性質特殊的職業，本來就有其「媒體產品」的性質，要求知名度沒什麼不對。是的，我也同意，但如果要用這個角度來思考事情的話，那我想反問：跟其他擁有知名度的職業比起來——比如藝人、網紅、名嘴——，文學人本身準備好了嗎？他有足夠的「產品意識」，知道應該如何打造自己的形象嗎？文學媒體有足夠的力量，將好的產品推送到消費者面前嗎？文學人準備好要過一種公眾的生活，將自己的一切都轉化為商品，將不能販售的「自己」統統隱藏起來嗎？「作家」這種商品的品質，有任何科學的市場基礎嗎？它真的發展出成熟的商業模式了嗎？

走紅這種事，在我看來是很中性的科學事實。它應該根基於社會科學式的市場調查，然後用專業人士的技術，把商品做到符合市場標準。**如果文學人的一切思考，都是逆著市場標準走的，那就應該清楚自己是為了自己的理想而行，求仁得仁，沒什麼好不遇的。這種時候堅持自己懷才不遇，只是在對科學事實耍任性而已。**

說回來Y。雖然我從未當面反駁過他，不過Y似乎也察覺到我不是那麼相信他的故事，漸漸不再主動找我聊那些文壇秘辛了。只是在不同的場合裡，我多少還是會感受到他散發出懷才不遇的氣息。而很奇妙的是，當一個人抱持著這樣的念頭久了，似乎真的就會產生一種氣場，讓他的更上層樓之路受到阻礙。畢竟，不管是業者還是讀者，他們來找你都是為了做生意，不是為了救濟你或實踐你的理想的吧。

後來，我聽說另外一位年輕作家和他建立起了師徒之誼，這位年輕作家想必也是聽了不少恐怖故事吧。我到這時才醒悟過來：其實，他或許也想過收我為徒？至少我是喜歡他的作品，並且會主動推廣的後輩。那些捏造的故事，可能統統都是入門的邀請函。只是我真的駑鈍到從未察覺，也自然沒有回應那種寂寞的能力了。這也是一種不遇吧。

14 文學人幻覺圖鑑：邊緣

二〇一四年九月，當時和朋友一起編輯的《秘密讀者》正好一週年。那一期刊物，我們做了一個「不靠行的作家」的專題。專題開頭就說：「我們必須承認，這次專題的起點在於反駁一位大作家。」接著，專題直接點名了小說家E，因為他自稱在文壇「不靠行」，沒有文學雜誌的報導、評論。當期的專題編寫者震驚於「不靠行」這個自稱，於是羅列了E的資歷：「任教於大學、出書受到注目與好評、作品被翻譯並銷往國外、時常舉辦演講、獲邀參加各種文學評審與會議……」接著，編寫者不無嘲諷地質疑，這樣的「大作家」，竟可自稱「不靠行」？

嗯，然後那期就引發大戰了。

那一期刊物的電子書，網路上應該還買得到。作為編輯委員之一，我無意自己評價該期刊物的功過，如有興趣可以稍微找一下。我只是想以它引發的外圍事件，來談談我們今天的主題：文學人如何是一種喜歡自稱「邊緣」的人種，又為何他們會有這樣的偏好。

那一期的專題當中，共有五篇文章，另外介紹了十五位編寫者認為真正「不靠行」的作家。當然，毫無意外的，大家還是最注意被反駁的那個，而不是被正面介紹的那十五個。當時E則因為在閉關寫新書，剛好暫停臉書活動，因此本人並未出現在這波同溫層的小型論戰中。而《秘密讀者》作為一份編寫者完全匿名、由我以本名主推的刊物，每次遇到爭議，箭基本上都會往我這裡射過來，這次自然也不意外。

所以我看到了非常有趣的畫面：當《秘密讀者》的文章指出，E可能沒有他自稱的那麼「不靠行」（＝「邊緣」）的時候，有一批死忠的讀者非常生氣。他們留言、轉貼、寫文章反駁之餘，也有不少人直接到我個人的帳號底下抗議。其中一位沒有訂閱刊物的讀者，說他要向我「客訴」，認為我們沒有在發出評論之前，就先知會E本人，是很惡劣的行為。這兩個說法都很Kiang：「客訴」是客人的權利，沒有訂閱的讀者算不算我們的客人呢？而文學圈也從來沒有任何一條行規，是發表評論前必須知會作者。我不確定對方是不是真的不懂這些道理，我只知道他真的很生氣很生氣。

「他們在生氣什麼？」

現在看來，這只是一件小事，但當時的我處理起來確實有點緊張，連家人都感受到我神經兮兮的。我如上說明了整個事件的經過，只見家人一臉疑惑：

「所以那些讀者在生氣什麼？——因為你們說他喜歡的作家很主流、很重要，所以他很生氣？」

這一反問讓我目瞪口呆。我當然知道那些讀者為什麼生氣，甚至，如果作家本人也生氣，那也都在可以料想的範圍內。只是我突然發現，**我沒辦法簡明地跟「外面」的人解釋，為什麼說一位作家「不邊緣」，很可能是會冒犯人的？**

法國社會學家布迪厄很精準地說明過這個現象。大致上來說，文學場域內部有一種奇特的邏輯，是所謂「顛倒的經濟場」。也就是說，一名作家如果獲得越多現實的名利，他很可能就會被視為比較劣等的作家；反之，如果一名作家一無所有、窮愁潦倒、極為邊緣，反而會讓他增添某種抽象的光環。**這種邏輯，也使得作家必須以退為進，你必須先排斥名利，才能獲得名利；必須遠離主流，才能成為主流。**

於是，在這種情況下，「邊緣」便成為一個戰略要地。

明白這個邏輯之後，你就能看懂很多文學人的行為了。

比如說，為什麼文學獎明明是正規的競技場合，但積極投稿卻會被視為一種羞恥的行為？

為什麼開社群媒體跟讀者互動，道德上毫無可議之處，某一批前輩作家卻會痛斥為作家身分的淪喪？

為什麼許多作家會抱怨書賣不好，顯然是在意銷量，但是無論怎麼檢討，卻都無意改變「產品」本身，寧願繼續採取已知沒有市場可能性的作法？

有時候我們甚至會看到這種邏輯，導出了很荒謬的發言。比如在二〇一六年，作家陳映真逝世。陳映真雖然政治立場鮮明，但他的文學作品和文學活動都深刻地影響了一九六〇年代以後的台灣，不分陣營、黨派、立場，無不受其潤澤，長達半個世紀，就算是反對他的人也無法否認他的成就。這樣的作家去世之後，自然是整個文化界都陷入了哀悼狀態中，各式各樣的文章、訪談、活動紛紛出爐，連電視新聞都特別報導了。而這時候，與生前的陳映真最親密的文人派系，他們會說什麼呢？

答對了：「台灣人因為政治立場拋棄了陳映真，陳映真一直是處於台灣文壇邊緣的作家。」

（……都搞到這樣了還邊緣，難道是要立廟塑金身才夠嗎？）

只要衡諸事實，你就會知道發言者也不相信自己說的話。那為什麼還要這樣說呢？原因有二，一是趁機攻擊不同的政治立場，這一般台灣人都能懂，無須多言；二是，「邊緣」一詞在某些人口中，與事實如何並無干係，他們只是把它當成一個漂亮的形容詞在用。「陳映真很邊緣」跟「陳映真好棒棒」基本上是等價的句子。

反之，如果有人膽敢出來說作家不邊緣，那意思就是在說作家不棒棒了。

「邊緣」是可以測量的概念

所以，回到E那幾位憤怒的讀者，他們的悲憤也就其來有自了。如果《秘密讀者》只是刊登一篇書評，討論作家的作品寫得好不好，對於死忠讀者來說或許還在可容忍範圍內。但如果去挑戰任何作家「邊緣」的自我宣稱，那就無疑是「毀人名節」或「人身攻擊」了——至少在他們的觀點裡是這樣。

當然，我不是在說真正的「邊緣」不存在——這個詞彙本身是非常政治性的，通常會來指稱族群、性別或階級上的弱勢族群。作為一個分析概念，它是可以很好地指出某些文學作品、某些作家的特殊性。但是，「邊緣」與否應當是一個可以透過社會科學方法測量出來的東西，你屬於什麼族群、有什麼樣的性別認同和性傾向、年收入多少、有多少動產不動產，這些會交織成一個人的客觀境況，這不是一個人可以憑著自主意志去捏塑的事情。當代文學強調「看見差異」和「看見底層」，因此會特別重視帶有邊緣特質的作家、重視從邊緣位置撰寫的作品，用意是好的，很多時候也是必需的。然而，如果把「邊緣」當成好寶寶貼紙往身上貼，那就難以免於荒謬了：一個漢人、中產階級、異性戀男性的高學歷寫作者，無論怎麼自稱，都很難跟「邊緣」二字沾上邊的（我是說「朱宥勳」啦）。

身為半個社會科學科系出身的學徒，沒有什麼比看到這種「伸縮自如的邊緣」更讓我覺得不耐的了。

不過，上述說法並不是在批評特定作家。請仔細看這個系列的標題，我是說「文學人幻覺圖鑑」，而不是「作家幻覺圖鑑」。作家只是這個圈子裡的一個小部分，雖然可能是最明顯的一部分。所謂「文學人」，更是整個文學場域當中的行動者：學者、編輯、廠商、讀者、評論者……在一開頭E的例子裡，就我所知，E本人從未公開或私下，對我們提出任何出格的要求。反而是他最死忠的一群讀者，不假思索地把修辭當作無可挑戰的真理，忠貞猶如宗教的狂信者。在那期專題做出去之前，我也確實很困惑：作家明明就不可能不懂那些修辭之虛幻，為什麼還要走在這麼陳腔濫調的路線上？什麼力量逼迫所有人都一起不誠實，一起假裝邊緣？為什麼不能老老實實承認：文學創作本就是中產階級以上才有餘裕進行的活動，我們就是有我們的侷限性？

等到雜誌出刊，我收到讀者的「客訴」之後，我就完全明白了。有時，問題不是神願不願意還原為人。問題是轎子答不答應啊。

15 ——文學人幻覺圖鑑：靈感

大概在二〇一二年左右，我正著手寫一部以職棒簽賭為題材的長篇小說。我大概已經寫了四、五萬字，但老實說心底一點把握也沒有，總覺得這個故事還少了一點真正能夠貫通全局的東西。寫到心煩，我便跑去打開室友的PS，打了好幾個小時的棒球遊戲，直到半夜眼力不支才倒床。

睡沒兩個小時，我便從夢中驚醒。在夢裡，我又打了幾場剛剛的棒球遊戲。球員揮棒的軌跡像土星的光環一樣掃過了本壘板上方，每一次都被系統記錄下來了。如果是這樣，如果有一名選手打假球，那……思緒及此，我立刻跳下床，打開電腦，把剛才夢到的東西統統記下來，一口氣寫到天亮。

隔天開始，我拋棄了原來的那四、五萬字，依照夢中靈光一閃的那個設定，重寫了後來在二〇一五年出版的長篇小說《暗影》。

本篇「文學幻覺圖鑑」要來聊「靈感」。但從上面這個故事開始，我想說的是，「靈感」這種東西，並不全然是幻覺。我很清楚，我也經歷過這種被雷打到、思緒瞬間通電的時刻。「靈感」確實存在。**但在文學人之間，有一種把它誇飾成「創作最重要的泉源」的傾向，這就是不折不扣的幻覺了。**而有兩種人特別喜歡誇張這種幻覺，一種是卓然有成的作家，一種是根本還沒寫出名堂的新手。

成名作家最常誇示「靈感」的時刻，通常是在公開的座談、演講，必須談到自己的作品時。文學圈有條不成文的規矩，認為一位作家不應該過度解說自己的作品。但大部分的文學讀者，卻又是透過作品來認識作家的（幸或不幸，這種狀況正在改變），自然很希望作家多談談自己寫過的東西。如果不能談作品本身，卻又要談到作品，能怎麼辦呢？那就講講外緣的、創作過程上發生的事情吧。所以，許多作家的新書發表會、座談會，都會講出跟我開頭很類似的故事：在什麼緣由，什麼時點，因為某道神秘的光而點亮了靈感——

（是的，我也說過，我自首。）

純粹從作家個人的角度來看，誇示靈感之重要是利大於弊的。許多文學讀者喜歡作家保持一種神秘、超凡、脫俗的形象，如果作家確實展現出這樣的形象，就能讓他們覺得自己愛得沒錯。作家及其作品的優點越是難以用清晰的語言說明，就越能反過來顯得讀者的品味非凡。「我為什麼喜歡這個作家？這很難解釋，如果你不懂就算了。」大概是這樣的態度。

也因此，作家若是以「靈感」來解釋自己的作品，而不是出之以具體的知識體系、史料考證和寫作技術，就更能為自己刷上一層唯美光暈。**「靈感」在此跟「天啟」等價，我們不可能去追問為什麼這個靈感這麼剛好就打在某人身上，那只能歸於神意了吧。而這也隱隱然在「作家」和「其他人」之間劃下了一條界線，作家就是那種會被靈感眷顧的人，而其他人沒有，怎麼努力都沒有用。**

而另外一種喜歡把靈感掛在嘴上的極端型態，則是根本還沒寫什麼東西的新手，通常是作為一種遁詞來使用的。當你去問他／她最近的寫作進度時，很容易得到「最近沒有靈感」這樣的答案。我很常聽到這樣的話，當面當然是「這樣啊，再加油」就回過去了，但心底真正的想法是在他／她的名字旁邊扣分。會拿靈感當遁詞的寫作者，只代表兩種狀態：一是他／她並沒有真心在乎的題材和故事要說，所以才會空著等；一是他／她懶，還沒讓自己進入職業寫作的紀律狀態裡。

我在《作家生存攻略——作家新手村1技術篇》說過，任何有普通資質的人，只要經過密集的讀寫，都能在兩、三年內開始橫掃文學獎，並且成長到足以出書的水準。我提到以文學獎為編輯，追著截稿日不斷地寫——我可沒有加上「有靈感再寫」這個條件。文學創作者必定kāu-uē，如果沒有那麼多話想說，那一開始就不要入錯行的好。

我現在當然非常明確，是反對以「靈感」來裝神弄鬼的，我的演講主題幾乎全部都是技術導向，不太談比較抽象的部分，也是我個人對這種文壇風氣的「矯枉過正」。但我也必須老實說，在我還沒能建立起自己的一套理解文學與理解世界的體系時，我也在很長的一段時間中抱持著這樣的想法。「靈感」使我既驕傲又焦慮：在我寫出點什麼成績時，我知道別人會以為我獲得神啟，因此驕傲；但焦慮的是，我自知實際上並非如此，因此我總覺得自己是「贗品」，僅僅是人力造作的結果，總有一天會被人踢出寫作者的行列。

如果你也有一樣的驕傲或焦慮，我希望能讓你知道，兩種都沒有必要。

然而，有時候真的寫不出來、真的會卡住啊！這難道不是要等靈感來解決的問題嗎？

這是一個邏輯問題：當你寫不出來、卡住的時候，是可以靠靈感來解決沒錯，但「只」能靠靈感來解決嗎？

當然沒這種事。如果是這樣，職業作家的必修課程應該是通靈了。換個方式來理解，「靈感」其實是創作過程中，一種高風險、高報酬的因素；它是在你心思運轉的過程中，將過去所讀、所見、所思之物，隨機組合迸發出來的東西。因此，它如果出現了，通常都能帶來很好的結果，因為它能帶你脫離平直的邏輯系統。但從工作規劃的角度來看，你從一開始就該料敵從寬，假設它不會出現。如果有，那是賺到。

所以，問題意識就換了，不是「沒有靈感時要怎麼辦」，而是「不靠靈感要如何達成目標」。

從我自己的一點經驗來看，我認為良好的事前規劃會有效降低「靈感」帶來的風險（沒錯，我把靈感視為風險）。因此，不管是短篇作品還是一本書的規模，下筆前一定要有大致的企劃、架構和方向。如果是短篇作品，至少得列出幾個必須完成的check point；如果是長篇或一本書，那就要有更詳細的大綱才能出手。這裡的重點，是要建立一個「有彈性的架構」——架構不必定死，甚至只想到一半就出手也無所謂，因為創作過程本來就會有各種意外和突發奇想，保持彈性可以讓你迎接萬一降臨的靈感，也能避免你一開始就定出不可能執行的架構，而沒有空間迴旋修正的慘況。

舉例來說，如果我要寫一篇短篇小說，那我可能只會設定「我要寫那場吵架的畫面」、

「我結局要放在揮棒的瞬間」和「我要寫探照燈打在球場上的那幕」這樣幾個點，接下來就是連連看時間，試著編出新的內容來貫穿這些點。

而一本書的規模，最典型的作法就是「作家的新手村」這個系列。如果你看過最初的募資計畫，會發現我一開始就訂好了四大方向、五十個左右的題目。但我現在可以告訴你：我訂計畫時，這批文章一個字都還沒寫，完全沒有儲備；整個系列的五十多篇文章，每一篇都是當週才寫的。如果我有任何一週因為「靈感」而卡關，那就會開天窗，但這件事沒有發生。因為我天生神力嗎？並不是，而是我一開始就設定了讓我自己不需要依賴靈感，就能夠完整執行的企劃。

當我們強調良好的事前規劃，強調的其實就是創作者各項基本能力：你是否有足夠的技術工具，來完成手上的作品？你是否有足夠的知識，來劃定可行的戰場？你是否有足夠的素材，來供應寫作計畫所需？如果你出了問題，你是否知道該去什麼方向、尋找什麼資源？

如果沒有？那你很可能還沒準備好面對自己的寫作。

從上面一路讀來，你也許會發現，在我的理解裡，「靈感」是在寫作天平的一端，而技術、知識、素材這些東西，則在寫作天平的另一端。這樣的對立蘊含了一個論點：所謂的「專業」，就是不依賴「靈感」的寫作。

聽起來很嚴苛嗎？你不如反過來想吧：靈感是一種神啟，並非人力所能控制的；但專業可不同，它是一種可以精進、規劃、管理甚至改造的東西。只要你不再迷信那偶然的光暈。

16 —— 文學人幻覺圖鑑：封殺

二〇一三年，我開始比較大量地在網路上寫各式各樣的評論，其中大宗當然是文學評論。我那時候的脾氣比現在更壞，更口沒遮攔。寫著寫著，我甚至揪了一群朋友創辦了《秘密讀者》這個書評雜誌。這個雜誌的特色之一，就是每篇評論都匿名刊出，自然收到不少砲火猛烈的文章。然而我作為以本名示人的發起人，就算文章不是我寫的，我也是脫不了干係的主編之一。所以接下來幾年，只要《秘密讀者》上刊出了什麼會得罪人的文章，統統都會算到我帳上。

「你都不怕被封殺嗎？」

有不少好心人私下這麼問我。

還真是沒怕過。不過，這不是因為我有膽識（所謂膽識，總得有個「識」字），而是當時年輕氣盛，是抱著「封殺就封殺，大不了此後封筆不寫」的意志在做這些事情的，一種破罐子破摔的心態。反正我也還算喜歡教書，再怎麼走投無路，我知道許多偏鄉學校永遠缺老師，從此與學生為伍，也沒什麼不好。

然而，至少到目前為止，我都還沒被文壇「封殺」，還在這裡晃來晃去。

養不起你的，就殺不死你

也是到最近幾年，我才比較想清楚箇中道理。

在此刻的文壇，「封殺」是不可能的事。這不是在說，你可以隨便得罪人，而每個人都會就事論事，不私下搞人。正好相反，你就算完全不惹事，也可能突然有人搞你。但不管那些討厭你的人怎麼努力，要全面性地壓制一個文學創作者，讓他沒有任何發表機會、沒有任何活動機會，那幾乎是不可能的。討厭你的人，最多只能局部的打壓或讓你喪失某些機會，**但沒有任何人能夠完全「封殺」另一個人。**

說起來原理很簡單。只要先想一個問題：文壇上最位高權重的位置是什麼呢？書評家？出版社總編？報刊總編？相關公司的董事長？最高等級的文壇大老？文學獎或補助案評審？

文化部長？

換位思考一下，你如果是這些人，你超討厭朱宥勳，那要用什麼方式讓朱宥勳永世不得超生？在你的業務範圍內，你確實可以完全排斥某人，使之絕跡於鞭長可及之處，但也就這樣而已了。若要弄到處處碰壁，那個人還得同時惹毛所有人才行。相信我，我以我超爛的個性作證，要搞到這樣滿困難的。而就算以文化部長或文壇大老之尊，人際帳戶裡面的存款也不是無限大的，他若要封死一個人的所有出路，還得消耗自己的人脈去一一打招呼；走到這步田地，恐怕已不是「敢講話所以得罪人」的等級了，你至少是放火燒了他們家吧。

更別說所有的封殺手段，在匿名的文學獎評審機制中統統用不上。

「全面封殺」之不可能，也建立在一個有點悲傷的事實上：能夠餵飽你的，才有餓死你的權限。但一名職涯穩定的文學作家，其收入一定有多元組合，今天為A寫稿、明天為B評審，不是依賴任何單一單位支撐的。也因為沒有任何一個單位能夠養得活一名作家，所以就沒有任何單位能封殺一名作家。試想：如果今天出版市場一片榮景，你出一本書的版稅，就能賺到兩、三年的生活費，而你也主要依賴這筆費用來過活。在這樣的情況下，維護你跟出版社的良好關係，會變得非常非常重要。屆時，不必搞到解約，總編只要使出一點延宕出版的小手段，就足以讓你雞飛狗跳了。就像上班族很容易被自己的老闆搞到雞飛狗跳一樣——能搞到你，是因為老闆有養你啊。

而現在的替代選項太多元了。A出版社不出，還有Z出版社可以出；B雜誌不收你的稿子，那就到C雜誌去——甚至兩手一攤，幹嘛給雜誌呢？放棄幾千元的稿費，直接貼到自己的部落格上，搞不好還比較多人看到。但你可以想見，如果稿費增加三倍，大概就比較難這麼瀟灑了。**文學業界的弱小與貧窮，伴隨而來的，必然是控制力的下降。**

因此，當你之後看到文學人嚷嚷著他被封殺，只要對他笑一笑就可以了。**真實的情況並沒有字面上看起來那麼怵目驚心，「封殺」的意思很可能只是「他被某某人討厭」。而文學人當中，既自戀又玻璃心的人格特質並不在少數，被一個人討厭就說成毀天滅地的大事，那也是遲早要習慣的日常風景。**或更殘忍一點的情況，是這麼說話的人根本不重要，沒有人理會他只是因為他太弱。「封殺」云云，不過是用來解釋自己何以一事無成，就像遠古人類會用妖魔鬼怪來解釋自然現象一樣。

得罪人的「收支平衡」

當然，我的意思不是說你隨便得罪人都沒關係，從今天起看到每個文壇中人都衝上去捅他一刀。我前面說自己沒有被封殺，但我可沒說我日常的工作一切平順。所有人際的債務，終究會以某種形式討上門來，那就看你覺得值不值得了。對我而言，大多數我得罪人的情況，我都不太後悔，即使有什麼後果，擔下來也就是了。

除了理念上「歡喜做、甘願受」之外，我認為還有個「收支平衡」的觀念，是很重要的。沒錯，所有你「堅持理想」、「敢言直諫」的場合，確實都可能得罪人，但重點不是得罪人之**後會扣多少分，而是你能否管控損害範圍，並且從這樣的行動裡賺一點東西回來**。小說版的《琅琊榜》有個有趣的段落，很可以說明這個觀念。主角梅長蘇為自己輔佐的王爺出謀策劃時，一開始都走謹慎低調路線，避免樹敵。可是，在某一關鍵時刻，梅長蘇卻做了一個絕對會得罪某方陣營的決策。旁人問他，不是要避免樹敵嗎？他的回答是：**如果你沒有敵人，那你也不會有朋友**。

我第一次讀到這個段落的時候笑了出來。不只是因為我非常同意這個思路，也是因為這種思考方式，正透露出了作者真的是社群網路時代的作家。在這一瞬間，梅長蘇並不是某個虛擬的古代中國的謀士，而是道道地地的社群經營者，深知建立壁壘、鞏固己方支持者的策略。

因此，你當然可以得罪人，但你得罪人的同時必須能獲得另一群人的認同，這樣的帳目才會划算。事後想來，我誤打誤撞發起的《秘密讀者》，正是以「得罪前輩」為代價，換取了一部分早已不滿文壇許久的年輕讀者的認同。當初並非有意為之，但即便是非預期性後果，這一後果也是真確存在的。

就此而言，「得罪人」有時反而可以產生某種「分眾」效果——有些讀者就是喜歡看我批評王文興或朱天心，所以即便他們是大老，得罪他們，也不見得是「不理性的」。而相對的，如果我當個溫良恭儉讓的乖孩子，也許能夠在文壇前輩手上拿到一些甜頭，然而如此一來，我的產品定位或品牌形象就必然會是另外一個樣子了。**這就是價值判斷的問題了：你希望自己是個什麼樣的作家？選下去，就決定了你可以從什麼地方獲取資源，什麼地方則是此後都不必再有妄念了。**

更進一步說，因為全面性的封殺是不可能的，所以你永遠可以保有一塊市場、一個小型人際網路、一些可以調度的資源；而如果你不堅持功成名就，人所需要的生存空間也其實沒有那麼大。往好處想，這意味著我們其實擁有比想像中更大的自由；往「壞處」想，有些你基於各種原因而厭惡的人，大概也很難完全潰滅。比如陳玉慧即便被抓到抄襲維基百科，但她和出版界的人際網路沒斷、也擁有不熟悉網路消息的讀者，因此書還是可以一本一本出（代價就是我這種機車人逮到機會就會碎碎念：不過也就這樣而已了，就算我某天當上總統了也不能禁掉她的書）。或如某位年輕作家J，總是喜歡在座談會一類的場合上竊取他人的談話內容，轉身就當作是自己的創見置入演講當中。但即便交手過的人再怎麼不爽，能夠使出的制裁手段還是很有限。

比起擔心被誰封殺，我認為保持工作的信用還是更重要的。仍然是老生常談：專業、穩定、好合作的表現，就能讓邀約單位欲罷不能，就算外面的人流傳一百種關於你的難聽話也無法撼動。但反之，如果你每件工作都會把邀約單位炸得雞飛狗跳——你知道的，你通常一次很難得罪太多人，而被得罪的人，也很難確切把自己的體驗告訴別人；然而你只要弄過一個單位，與這個單位有聯繫的人們，絕對都會發揮守望相助的精神，奔相走告直到天地的盡頭。

那就真的會達成「自己封殺自己」的成就啦。

四、排雷指南

在前面三個單元，我們從「階層」和「價值觀」兩個角度，描述了文學人的生態。然而，文學人日常實作的細節千絲萬縷，難以完全窮舉。大到國家級榮譽的頒布標準，小到什麼場合應該（或不應該）遞名片，文學人都有一套稍微脫離社會主流的內在邏輯。而如果你違反了這些邏輯，很可能就會踩到地雷；很多時候，外人覺得文學圈的古怪行徑，也可能是因為我們正在閃自己圈內的地雷。在這個單元，我將以二〇一八年到二〇一九年之間發生的若干文學圈事件、或者文學圈關切的話題為個案，分析每個個案背後顯露的行事風格、價值偏好，從而提供「地雷在哪裡」的看點，也說說我自己的看法。

17——文學的可能性：政治正確VS創作自由

二〇一九年八月，博恩在open mic的脫口秀講出「火化鄭南榕」的「地獄哏」，引起不少爭議。我無意討論博恩這個笑話本身，但這一爭議引出了一種常見的批評方式，很可以藉機理解文學人心中的價值預設。當人們在爭論「能不能拿鄭南榕自焚開玩笑」、爭論「地獄哏的界線」時，許多人的反應是跳過政治判斷本身，直接訴諸技藝層次：「重點是博恩不好笑啊！不好笑的東西，有什麼資格自稱地獄哏？」

這種反應讓我覺得很眼熟。因為，過去許多文學創作引發爭議時，很多人的反應也是：

「重點是〇〇寫得很爛啊！爛東西有什麼好護航的？」

（對，我也這樣說過。）

但細究這種反應，其實混雜了很多不同方向的價值觀。如果說把「寫得好／寫得爛」當作一軸，「政治正確／政治不正確」當作另一軸，可以畫成四個象限。「寫得好、政治正確」

當然沒問題，「寫得差、政治不正確」也活該被電，那「寫得好、政治不正確」呢？後者因此就沒關係了嗎？或者「寫得差、政治正確」呢？它應該受到獎勵還是責罵？

從前面的「文學人意識形態」看下來，你大概可以感受到，「寫得好」基本上就是文學人最優先考量的因素，政治正確與否因人而異，但不會是最主要的考慮。只是因此就很常會衍生出更進一步的說法：「不能為了政治正確，而犧牲掉創作自由。」而這說法很容易引發關心社會議題的人的憤怒。**事實上，持此一說法的人，可能未必認同那些「政治不正確」的價值，更可能是基於一種機率性的考量——如果有些好作品就是會踩到政治正確的線，為政治正確而阻斷這些創作方向，會不會帶來創作成果上的損失？**

或者更深一點說，「政治正確」的標準有其時代性，會不會此刻我們阻斷的作品，未來的讀者卻很能享受它的價值；而此刻小心遵守規矩的，未來的讀者卻會覺得陳腐不堪？

在回應上述問題前，我們要先討論一些基本觀念。要處理「政治正確VS創作自由」這個問題，至少有兩個層面必須釐清。

錯誤的對立

首先是「層次」問題，這兩個名詞本質不是同一層次的對立概念，大家常常把它們對立起來講，好像「要求政治正確／批評政治不正確」就等於「限制創作自由」。這個思考方式是錯的。**「創作自由」的對立概念是「創作不自由」，它指的是被政府、通路等大型結構限制了作品的生產與流通。**假設你今天寫了一段文字，FB因為內文的某些關鍵字而不讓你發表、或者讓你發表但無法正常擴散，這是箝制創作自由；假設你今天拍了一部影片批評政府，政府禁止你公開播送，或者利用執照等行政手段卡你，這是箝制創作自由。

但是，如果你的作品僅僅是因為「政治不正確」而被讀者「批評」，而不是被具體結構限制住不能出版流通，它本質上與「因為政治正確被批評」或「因為寫太爛被批評」是相同的，這些批評者並沒有妨礙你的創作自由。事實上，正是因為你有創作自由，所以你才能寫出令某人不悅的東西，才有機會讓他們看到並且批評你。**這些批評，恰恰是「創作自由」運作良好的證據。**

創作自由是你在部落格寫了一篇引戰文，然後可能被十萬人嗆爆。而創作不自由則是，如果你要在微博發出「台獨」兩個字，你的貼文就會送不出去，因此根本不會被批評。

因此，拿「創作自由」為「政治不正確」辯護是沒有意義的。如果批評即會造成不自由，那所有文學評論、文學研究，難道都是在限制創作自由嗎？身為創作者，你怎麼面對文學評論、文學研究，你就應該怎麼面對「政治不正確」的批評。評論者的批評使我們受傷時，我們可以選擇下次修正，也可以選擇堅持自己的道路，甚至也可以出聲辯駁（當然，最後這個作法很難看，違反了業界潛規則），但沒有辦法拒絕被批評。

同理，如果一名創作者認為所謂的「政治不正確」中有他自己的文學堅持，那他就應該為了自己的選擇頂住批評、堅持下去，讓後世的文學史來證明他的信念是否正確。這可能意味著巨大的政治壓力、龐大的商業損失——但這不正是所有堅持文學理想的人，都已經做好的心理準備了嗎？

「政治正確」是什麼？

第二個層面，則是理解「政治正確」的本質：它其實是一套道德標準，而且是專屬於當代的一套道德標準。如果非常、非常去價值判斷地看，它跟「神權時代不可批評上帝」、「帝制時代必須忠君」或「三綱五常」有類似之處，都是一種安置人與人之間理想關係的強力命令。

這是一套什麼樣的道德標準呢？簡化地說，「政治正確」指的是「避免傷害他人情感」，特別是「避免傷害弱者的情感」。幾乎在所有關於「政治正確」的爭議中，我們都可以找到受傷的弱者。當博恩講出「火化鄭南榕」的時候，受傷的是「獨派」這一中華民國體制中的弱者；當詩人陳克華屢屢因為仇女言論遭受批評的時候，受傷的是「女性」這一父權社會中的弱者；當中學生拿納粹符號開玩笑而引起爭議時，受傷的是「猶太人」這一曾被屠殺的弱者。

因此，雖然我把「政治正確」與神權、帝制、綱常等道德標準並列，但如果你問我個人的意見，我當然會認為這是一套比過去優越得多的道德標準。甚至可以說，這是人類目前為止發展出來的，最好的一套標準。它強調同情心，保護弱勢，並且有一整套政治與社會的論證，比起保護某些人類憑空想像出來的「神」，自然是高明多了。

而知道它作為「道德」的本質之後，問題就會從：「要不要為了政治正確限制言論自由？」聚焦為比較精確的：「文學與道德是什麼關係？」或：「文學創作要如何處理道德議題？」

寫得好不好，真的沒有道德判斷成分嗎？

這講下去是一本博論的題目了，我只想挑一點出來講：在前面，我們提到「寫得好」是文學人最關切的因素，然而，到底什麼是「寫得好」呢？這裡面當然有技藝層面，某作品展現了極為高超的寫作技術，完成了他人所不能完成的效果，這是「寫得好」。但即便是最極端的技術主義者也不得不承認，文學作品所承載的情感、思想內涵是很重要的，而一旦踏入這些領域，就不可能免於道德框架，因為人的情感與思想，不管是依附道德還是對抗道德，都不可能跳過道德因素不計。

所以，**當我們說某作品「寫得好」的時候，不可能一〇〇%是「技藝好」，一定程度上也是認同（或至少能夠容忍）它的思想與情感。**甚至在某些情形下，我們也會承認某作品的技藝不好，但作品本身很好，此處的「好」，就更難與思想情感脫鉤了。作為目前人類最高文學殿堂的諾貝爾文學獎，它的評選精神也很明白地說了，它獎勵的是：「在文學領域創作出具有**理想傾向**之最佳作品的人。」

什麼是「理想傾向」？哪種思想會被視為理想？這自然是用評選當代的道德標準去定義了。

就算是極端排斥世俗道德標準、堅持技藝至上的創作者，其實也沒有「非得政治不正確，才能寫出好作品」的理由。所謂技藝，本來就展現為使不可能之事可能，所以就算並不真心認同那些道德標準，一個技藝精良的創作者自然也應該能夠「管理」讀者的道德反應，找出既不冒犯政治正確、又能展現文學水準的方法。所以，核心的關切就不是「重點是博恩不好笑」，而是：「**就算那樣好笑，難道你想不出其他好笑的辦法了嗎？**」當一名創作者宣稱自己是純技術主義者，僅僅追求效果而不在乎道德標準的時候，那自然也沒必要堅持「政治不正確」的「地獄哏」了，不是嗎？如果堅持如此，那若非是在技藝上有缺陷，就是其實有立場而不誠實申明了。

最後，我們可以來回應「堅持政治正確，是否會阻斷可能在未來受到好評的好作品」這個問題了。確實，在文學史上，多有作家冒犯當時的道德標準而被撻伐，卻在後世深受敬重的作品，比如福樓拜的《包法利夫人》。因此，我的立場是：政治正確當然可以挑戰，但既然是挑戰，背後就應該有一套與之相應的論證，而不是為反而反。如果我今天創作一部冒犯了同志族群的作品，我得要有相應的論證，證明我此刻的冒犯，只是點破了人們的某些成見，實則可以建立一套新的、更理想的道德標準。如前所述，**政治正確保護的是弱者的情感，那如果有人想要冒著讓弱者受傷的風險來進行創作，只是單薄的「為什麼不可以挑戰」是不構成理由的，至少要有「為什麼挑戰」的論述。**

而如果某人的「挑戰」，最終只是回頭鞏固了更落後的道德版本，比如為了異性戀的優越感而冒犯同志、為了漢人的優越感而冒犯原住民，那這甚至不能稱之為挑戰，本質上反而是一種對主流的順服了。

所謂「創作自由」，不管是「創作」還是「自由」，都不是那麼容易的事。真的拿出新東西來了，才是「創作」；真的超脫於既有價值觀之上了，「自由」才值得一提。外面的人可以搞不清楚，文學人卻是非得嚴以律己不可的。

18 ——「從缺」滿足了誰的矜持？

二〇一九年三月，我在臉書上發表了一篇文章[1]。在這篇文章裡，我做了一個對「作家的新手村」來說，絕對應該要提醒的錯誤示範：我身為「第四屆台灣歷史小說獎」的初複審評審，公開發言批評決審評審的標準。在《作家生存攻略——作家新手村1技術篇》和前面的「作家轉職表」中，我們都有提到文學獎評審席次與輩分的關係，在此簡要地複習一下：**「文學獎評審席位」是一個基本上依照資歷來分配資源的體制；基本上，只要是決審評審，一定都是比初複審更資深的。**所以，雖然我那篇發文之後好像平靜無波，但我一來以下犯上，二來讓主辦單位尷尬，期待這之中每個人都能「諒解」我的行為，是太不切實際的想法，所以我已經做好在某些神秘的地方付點代價的心理準備了。

但今天不是要講這個錯誤示範，是想要藉這個小小的事件，來聊聊「從缺」這件事。「台灣歷史小說獎」這個獎辦了四屆，總共有三屆首獎「從缺」，唯一發出首獎的一屆是二〇一八年我很不喜歡的《陳澄波密碼》。然而，不是只有它這樣。半世紀以來，台灣的文學獎評審，都很常風風火火去評一個獎，然後再宣布首獎從缺。越大的獎項，越喜歡這樣搞。一九五〇年代，由政府大力贊助、鼓勵反共文學的「中華文藝獎金委員會」總共辦過十九次文學獎，其中十五次首獎從缺，最著名的「第二名」是鍾理和的名著《笠山農場》。一九八四年，《自立晚報》舉辦了「第一次百萬小說徵文」，懸賞一部長篇小說。結果這個獎項連續三年都從缺，搞到文壇中人都看不下去了，還有人專文評論這種「現象」。二〇〇八年，九歌出版社三十週年，大手筆辦了個「二百萬長篇小說獎徵文」（看這個名字，就知道是跟《自立晚報》致敬以及叫陣），這號稱亞洲獎金最高的文學獎，當然不能免俗，一辦起來就先從缺兩屆意思意思。

「從缺」的原理

為什麼他們這麼喜歡從缺？這要分成「主辦單位」和「評審」兩個層面來看。

對主辦單位來說，最好的狀況當然是有好作品投出來、評審極力盛讚、首獎風光發出，

這樣的媒體效果最好。東山彰良的《流》在日本得到直木賞的狀態，就是最完美的情形。如果「從缺」，其實是有一點尷尬的，因為這等於向所有人宣告「參賽者統統不夠格」。如果偶爾一次還好，多了就會產生兒戲之感，折損主辦單位的公信力。所以，從主辦單位的角度來看，偶爾從缺是可以接受的，這可以顯示它們不妥協、嚴格把關。但也就是「偶爾」。

而從評審的角度來看，某篇小說能從自己手上拿獎，那意味著此後要為這部作品背書了，所以理論上他們會盡力展示自己的品味，在入圍作品中挑出自己最能接受的。他們跟主辦單位有一個很大的差別，就是他們畢竟是受人之託而來，他們並不為這個活動的後續效益負責。所以，主辦單位或許還會在乎「從缺太多次、畫面不好看」，評審可是完全沒有這份顧忌。甚至在某一程度上，如果上一屆評審給了從缺，下一屆評審只會覺得「那我更不能輕易讓他們過」，不然豈不是顯得自己很隨便。

當「主辦單位」跟「評審」的立場相衝之時，誰會贏呢？

在文學圈裡，評審會贏。

仔細想想，這在大多數行業中都是不可思議的：人家付錢請你來鑑定「商品」的好壞，你卻可以因為自己的喜好，就把人家整批貨嫌到一無是處，而對方還得對你必恭必敬的。但在文學圈，「禮賢下士」的漢人傳統還是很強固的，只要評審集體決議做成，主辦單位幾乎不可能跟他們對抗，不然就等著被這些「心思細膩」的文學人寫進文章裡啦——那畫面絕對是比從缺更可怕的。

而獎金數額越大、榮銜越高的獎項，主辦單位就越要請出資歷嚇人的大老級作家才能壓陣。那你覺得他們會更好控制、還是更不受控呢？

這就是文學大獎常常從缺的基本原理。

文學獎的「相對值」與「絕對值」

以上是我的觀察，接下來是我的個人意見。

「我覺得任何文學獎給出『從缺』，都是莫名其妙的事情。」

我不是一直以來都這樣想的。小時候我也曾經相信「嚴格把關」這類說詞。但等到我投稿、評審的次數多了，我才慢慢感到這種說詞沒什麼意義。**每一次的文學獎，本質上都是限定範圍的評比，它是「在這批投稿者裡面挑出最好的」。**「好作品」的上限是永無止境的，因為你不可能把所有作品都塞到同一個獎項裡面來相殺，永遠都會有某一獎的落選是另一獎的第一名這種事。於是，我們只能退而求其次，評比這批作品的高下。就像賽跑，某一小學的賽跑冠軍，在亞運賽跑項目裡面大概連邊都沾不上，但我們會因此「從缺」他／她的運動會獎牌嗎？

如果文學獎不是「相對值」的評比，而是「絕對值」的鑑定，那就會帶來另一個問題：我們如何決定鑑定的標準？我們也許可以同樣交由評審決定，但這意味著現有的文學獎徵選流程必須改變。比如說，我們相信A、B、C三位作家的專業能力，所以聘請他們為評審。現行的制度，是作品投過來，評審閱讀之後討論，最終做成決議。**但如果你要設定「絕對值」（例：一定要有象徵手法、一定要有後設，或一定要有個人死掉），現行流程是行不通的，因為參賽者會在沒有任何資訊的情況下盲目投稿，最終卻因為「有一條你沒說的規則」而被刷掉。**這就有點像是你投稿過去，對方才突然嘲笑你：啊哈哈我們這次是要比自由搏擊喔，你會打棒球的就只好掰啦。

你敢這樣玩投稿者，就不要二十年後，這裡面有哪個年輕人成為一線作家。

不要覺得不可能，文壇現役一線作家，都有不只一位，只因為當年被某出版社或某報刊退過稿，至今都還要三不五時背刺一下的。

所以，要是以「絕對值」為徵稿底線，那流程很可能會變成：先找一群評審，由評審討論出鑑定標準，然後再公布標準，讓參賽者有所依歸。

這樣聽起來好像還不錯……才怪。

主辦單位接下來就會收到一堆一模一樣的「命題作文」。參賽者會全部照著你的鑑定標準來量身打造，其重複無聊，保證讓評審看到想跳樓。

因此，設定「絕對值」的作法，其弊害之處遠大於純粹評鑑「相對值」。現在的文學獎長成現在的樣子，並不是沒有道理的。

而在一個明顯是以「相對值」為主軸的場域，堅持「作品水準不夠，所以我們不給獎」的評審，我認為多少只是自矜身分，不願「弄髒羽毛」而已。這樣的思路我可以理解，但我覺得這樣反而失了文壇前輩應有的高度。就算得獎作真的水準讓你很不滿意，你也可以讓他得獎之後，再以評審的發言位置給予建議、甚至是批評啊。反正你都不害怕「從缺」讓主辦單位難看了，又何必害怕批評得獎作品？反正終歸是要難看一下的。

由此來看一開頭提到的「台灣歷史小說獎」，這一切卻會更令人難理解。二〇一八年的

《陳澄波密碼》，在我看來，就是初學者生澀堆疊歷史資料的草稿而已。連那樣的作品都願意背書，其實也就沒什麼好自矜身分的了吧。而二〇一九年面對「我認為」水準高得多的作品，堅持只給出兩個佳作、而不給首獎，卻反而極端苛待這批參賽者。試想：當這些作品往後要出版的時候，他們能拿去說服出版社、出版社能拿來當賣點的名義，「首獎」與「佳作」聽起來的差別有多大？

這樣的「矜持」，我還真是看不太懂。

---

1 http://www.facebook.com/chuck158207/posts/2660807640602020

19 ——他們不知道發光的是什麼：關於「創作所」的一些事

二〇一九年六月，作家張娟芬與北藝大之間發生了一系列的「畢業糾紛」[1]，引起了不少討論。藉此，我們來談談「創作所」這種特殊的學位。

所謂「創作所」，是一種類似英美國家「創意寫作」（creative writing）的學位。在台灣，**你基本上可以簡化理解成「能靠文學創作（而非寫論文）畢業」的碩士學位，通常稱之為「MFA」（藝術碩士）**。在台灣曾有過的創作所當中，最負盛名的當屬二〇〇〇年成立的「東華大學創作與英語文學研究所」（大家通常簡稱「創英所」），可惜這個研究所已於二〇〇九年停招。二〇一〇年後，東華大學華文所另外成立「創作組」，算是延續了「東華有創作所」的印象，不過師資與組成和之前那個版本差異甚大，聲勢也不如前者浩大。除此之外，也有少數主打文學創作課程的大學系所，比如文化大學中文系文藝創作組，以及台北教育大學語文與創作學系及其研究所等。

再過來，就是二〇一八年開始招生、雖然聲勢不小但一路狀況頻頻的「國立臺北藝術大學文學跨域創作所」了。

講北藝大的事情之前，我想先聊一下東華創英所。時隔數年，兩件事情倒有若干相像的地方。

我沒有讀過東華創英所，然而在我念大學那幾年，正是東華創英所的最後幾年。豪華的講師名單以及豪華的校友名單，再加上花蓮那種遠離西部都市的隱居氣氛，都頗能勾起年輕創作者的嚮往。我大學畢業時，同時推甄上了台大台文所和清大台文所，身旁的朋友聞訊的第一反應都是：「咦？你不去考創英所嗎？」由此可見它當時在我輩文青心中的分量，那是不折不扣的第一志願。我自己雖然因為某些原因，沒有去考創英所，但其實也是認真考慮過的。

然而我們都沒想到，東華創英所竟然很快就解散了，整個系所只維持了十年。各種傳言出現，我們這才知道創英所內部一直有些問題。有套江湖傳言是這樣的：創英所本來就不是只有創作組，也有原來就走學術研究路線的英美文學組，而後者的教授並不很喜歡創作組這種編制，在系務上多有掣肘。據說，為了讓創作組的勢力自然衰弱，英美組的教授堅持所有新聘任的教授都要有英美文學系所的博士學位，比照英美組的學術標準來聘人。如果這是真的，那完全是莫名其妙：創作組的師資都要以作家為主，台灣哪裡有那麼多作家同時又是英美文學的博士？於是創作組的師資就一直沒辦法補充，隨著原有陣容的退休、離職，自然就崩解掉了。

這套「用博士學位卡人」的江湖傳聞四處兜轉，我沒有管道可以證實。但觀察東華創英所最活躍的師資，比如楊牧、李永平、郭強生、曾珍珍等人，確實都有博士學位；而其他不符學位資格的，多半都是以「駐校作家」的名義短期支援，或者從華文系借將過來的。

有沒有覺得很眼熟？是的，跟北藝大文學跨域創作所的爭議一樣，問題又出在「聘任」上。

「創作」需要特殊的判斷力

當然，兩個校系的脈絡不太一樣，事件的細節也不可能一樣，上述的傳言更未必可靠。但在這裡，我們可以看到「創作所」這種體制，在學院當中會遭遇的困難。學院基本上還是由一群「教授」主導的，雖然他們常常覺得自己什麼都懂，但實際上他們非常不懂創作，也沒有能力判斷一名作家是否夠水準、聘任了哪些人會有哪些效益——即便文學系所的教授，也沒有好到哪裡去，更別說是往上送到院、校或外審的時候。因此，當他們以自己頻率接錯的腦袋去下判斷的時候，就會發生慘劇。

比如在這次北藝大文跨所事件當中，張娟芬的聘任到底在程序上有沒有問題，這是可以就行政程序本身來談的。但我們會看到，真正引發眾怒的，是該校通識中心教授、也是大眾心理書籍作家許皓宜跑出來質疑張娟芬的能力和資歷。言談之中，許皓宜也覺得自己很懂，可以點評臧否誰夠格誰不夠格，然而事實上，嗯，這可誤會大了。

作家的能力不需要學位證明，而慕名而來、想投入文學寫作的創作者們，也不是因為「這裡有博士」所以才來的。**博士學位在創作者的眼中是不值錢的，他寫了什麼作品、作品在業內有什麼樣公認的成就，這才是真金白銀打造的招牌。**最初北藝大文跨所放出招生訊息的時候，雖然我對他們搞不清楚狀況的行銷文案頗為無言（比如一開始宣稱自己是第一個用文學創作畢業的研究所，同學，東華創英倒掉的時候，貴所還沒出生耶），但對這個系所的師資陣容是一直很期待的。因為相較於東華創英所這種一般的學術型大學，北藝大文跨所設置在藝術大學內，在任用師資上本來就比較不必受限於學位，稍微可以用人唯才一點吧？當他們公開第一波師資時，確實也證實了我的猜想：

非虛構寫作：顧玉玲、張娟芬。

現代詩：林婉瑜、鴻鴻、林正盛、廖偉棠、吳懷晨。

小說家：童偉格、徐則臣、伊格言、朱國珍。

這份名單非常漂亮，完全沒有受限於學歷。大部分師資都是各自領域的一時之選，東華創英所最強的時候，也拿不出這麼多位同級以上的師資，這可以說是台灣史上最豪華的創作所陣容了。

而好師資就是帶動創作所發展最重要的源頭。當師資夠強，就能吸引許多有實力的年輕創作者慕名投考。**這樣的互相吸引會啟動正向循環——如果有人考上該所，那就會處在一個老師、同學都是真強者的地方，等於自動進入了一個超精實的文學團體。**這樣玩耍幾年出來，要不強也很困難，而畢業的優秀校友又能以其表現，回頭挹注該所的名聲，東華創英所最強的時候就有這樣的正向循環。常常有人問我，想要以作家為業，去念創作所會有好處嗎？我的答案都是「不一定」，重點是要看師資、看同學的強度。但在北藝大跨域所這份名單下，我會滿肯定，去念一輪應該是不錯的。

至於覺得自己很懂的許皓宜，如果放進這份名單……不，她是不可能被放進這份名單的。不是寫過書、得個什麼獎了，就會被認定為文學創作者的。出書有何困難？不過就是把一疊紙填滿、釘起來而已。但要被其他創作者認可，還需要更多努力才行。投考者雖然是來當學生的，但這不意味著他們的品味會比較寬容；事情甚至可能剛好相反，有點實力的文藝青年個個自視甚高，老師不夠格，誰會願意投入門下？這可不是只有教授單向在檢視學生而已。

更進一步說，過往其他的創作學位雖然也出過不少強悍的寫作者，但是相對還是侷限在小說創作、現代詩創作這樣的傳統文類裡。北藝大跨域所找了顧玉玲、張娟芬兩位非虛構寫作的大將，是過去系所從未大力強調過的新方向，亦符合時代潮流，是很大的亮點。他們可以吸納到的人群，更會擴散到純文學以外的廣義文藝青年，讓考生的組成更多元。

結果，還剛好在這顆亮點上惹出聘任的問題。

因此，這件事的滑稽之處，就在於參與北藝大師資遴選的人們顯然不知道，他們正在審的這個系所案件是因為什麼而發光的。他們以為自己只是要審出一個「符合資歷的人」，而不明白張娟芬這個等級的作家，從來不需要他們來認可資歷。報名文跨所、繳給北藝大數十萬報名費的兩、三百人，已經是最好的認可了。你上一次見到文學方面的研究所有兩、三百人報名是什麼時候？

也就是在這樣的認知落差下，他們覺得「照程序來」、沒聘張娟芬只是一件滴滴答答的小事。而有趣的是，文跨所的主事者顯然比較識貨，所以他知道這些名字於招生上大有價值，於是根本還沒確定聘為專任，就可以列在網站上廣告了，甚至還讓張娟芬去擔任三位面試官之一，加深考生的印象。然而搞到最後，這麼顯眼的看板人物竟然出現聘任問題。

站在考生的立場，這就是詐騙啊。

不明作家的價值而不聘，這還只是無知而已。知其價值而未盡力奔走，在確定聘任之前就推出去廣告，把作家的廣告價值榨乾之後再兩手一攤丟棄，這已是卑鄙了。

把一件可能的好事辦砸了，這種事情每天都在發生，也不獨是文學創作者的專利。「創作所」這種東西，在台灣的學院體制裡要立足，就算主事者盡心盡力、謹慎行事，都已不太容易了。若還想搞東搞西，弄一些沒出息的小利小冤，那也就只能祝福了。好的創作所可以吸引創作者慕名而去，能讓大家快速精進；但就算沒有創作所，能寫的也會繼續寫，從來沒什麼非怎樣不可的事。人還是要搞清楚自己的立場，日子會過得比較順當一點。

---

1 http://www.facebook.com/notes/chuanfen-chang/北藝大畢業感言/10156002388531852/

20——如果只是排行榜就好了：主編文學選集的眉角

二〇一〇年，我受到秀威出版公司的邀請，要跟黃崇凱一起主編一本「七年級」的小說精選集。同一個計畫的，還有「七年級」的新詩和散文精選集，各自都有兩名主編。我不知道黃崇凱心裡怎麼想，我個人是滿驚嚇的。畢竟同年十月我才剛出版第一本書，是不折不扣的新人，而且那年我才碩一，就算是以「七年級」這個年輕的寫作世代來說，我都算是最菜的。要論學術能力、寫作實績、年資輩分，都有不少更佳人選，我擔任主編真的可以嗎？

但我牙一咬還是接了。後見之明看起來，這種說什麼也要硬著頭皮上的白目性格，對於一名文學新人是很有幫助的。我接了一個超過我資歷該取得的工作，然後在夥伴和運氣的掩護下，沒出什麼大亂子，之後便在我名下的帳戶存了一筆「主編」的資歷，也因此擁有某種話語權——我要到很多年之後才明白，這種心虛與咬牙之間的交錯，正是文學新人生涯中會不斷面對的橋段，幾乎每個人都經歷過。

如果你有關注二〇一九年六月，利文祺、神神、黃岡主編的《同志詩選》爭議事件，你就會從中看到非常類似的結構。當然，利文祺等人的起點比二〇一〇年的我要好多了。以利文祺本人來說，他正在國外念博士，也參與了「每天為你讀一首詩」這個強大的現代詩媒體的運作。相同之處在於，這也是一個由年輕世代主編文學選集的計畫，如果這個計畫平平順順編完，我們可以預期這筆資歷必然會是幾年之內，利文祺等人在文壇中最為人熟知的一個標籤。

然而現在看起來很難善了了。

排行榜的平衡感

事隔一陣子之後，我們應該能從「文學選集」的工作細節和本質，來思考這個問題了。

身為一名作家，無論資深資淺，你都有可能受邀去主編某種文學選集。用最簡化的角度來理解，文學選集就是某種「排行榜」：在限定時間、限定條件、限定篇幅的範圍內，選出一批最佳的作品。

此處所說的「最佳」，首先當然要考慮文學圈內的共識。我們之前稍微提過，文學圈內的「創作者」和「學者」兩方面的觀點，常常是南轅北轍的，因此這個「文學圈內」的「最佳」「共識」，實際上會包含非常麻煩的磨合、妥協過程。舉個例來說，如果你讓一名學者主編「台灣戰後小說選」，那幾乎就不可能跳過鍾肇政和葉石濤，因為他們的歷史意義無可取代；但如果你讓一名創作者主編同樣題目的選集，鍾、葉兩人卻都有可能不會入選，因為他們符合現代標準的好作品不多。當然，這兩種人也不會完全沒有交集，他們大概多少會同意黃春明、白先勇等人的重要性，總是有作家無論在學術意義和創作水準來說都達到高標，於是，這些沒爭議的作家就很容易出現在各式各樣的選集中。

這也是「陳克華」之於「同志詩選」這麼麻煩的原因，因為他也是兩種人都同意必須選錄的那種作家。

隨著世代的演進，作家的平均學歷也跟台灣社會的平均學歷一起上升，幾乎人人都有大學、研究所等級。在這種情況下，「創作者」和「學者」之間的壁壘稍微沒有那麼分明了，「創作者」多半也有基本的學術訓練，知道要顧及美學強度和歷史意義的平衡。如果你受邀**成為主編，這便會是你要負責考慮的，它會漸漸從一個單純的「排行榜」，變成一種版面分**

配的平衡運算。比如像剛剛「台灣戰後小說選」這樣的例子，當你列出心目中的完美名單之後，你可能會赫然發現：這裡好像缺了原住民？似乎沒有處理到台語和客語文學？在性別比例上是不是太偏男性？會不會太重視現代主義或太重視寫實主義？

身為主編，你需要在諸多因素之間穿梭的平衡感。美學強度關乎這本文學選集的品質，而政治正確則關乎這本文學選集背後的價值觀，兩邊都是不能放棄的。如果你的美學判斷太離譜，該選未選（比如編「一九八〇年代小說選」跳過郭松棻），那選集的公信力會立刻被摧毀。文學圈的業內人對於這種品味判斷非常嚴厲，做出錯誤決定的主編會被視為二流人物——在某種意義上，「品味」是文學創作者最重要的抽象資產，其重要性甚至可能大於「誠信」、「自律」這類世俗道德。而如果你的政治判斷歪斜，則會引來學術界與輿論的批判，就像這次「同志詩選」的事件一樣。

除了「公關」，還有「業界」

之所以如此，這跟「文學選集」所具有的樞紐地位有關。一般而言，入選文學選集相當於是對作家、對作品頒贈榮銜，證明他／她是「這一領域的代表」，如此一來，挑錯人自然是鬧笑話。而在出版上，「文學選集」其實就是某種形式的懶人包，當一般讀者不知從何入門的時候，文學選集能夠提供有代表性的基本清單，讓讀者可以嘗個味道、有關鍵字可以繼續追下去，甚至形成讀者對這一領域的第一印象。在中學、大學課堂上，文學選集甚至會成為基礎教材，引領讀者進入專業之門。

因此，身為主編，如果能夠平順編出一本大致被業界所接受的選集，絕對是一件加分的功德；反之，如果編出的選集出了狀況，那就是在燃燒自己的業界評價了。而就像我們在這兩本書內不斷提到的，文學人非常重視業界評價，因為一般讀者不見得能夠發案子給你，但業界人士是可以互相介紹稿約、工作邀約的；**就算不考慮錢的問題，業內專業人士的評價，也是你的「文學評價」之最終依歸，你所追求的文學殿堂，可是由一堆同業把守門口的。**

以此，回頭去看「同志詩選」事件裡面利文祺的反應，就可以看懂他到底在執著什麼了。我無意為他開脫，他的公關炸裂是神仙難救的事實。不過，很多人不理解為什麼他要「力挺陳克華」，甚至懷疑兩人是否有什麼利益授受，這就有點搞錯方向了。與其說利文祺是在力挺陳克華，不如說他必須證明自己有能力做出「陳克華必須入選」的正確判斷，證明自己的品味沒有問題。在外燃燒的公關危機固然可怕，但如果輕率拿掉陳克華，沉默不語的業界也自然會看輕這本選集及其主編——兩方面的危機，效果都是一樣的，就是讓這本《同志詩選》和其主編武功全廢，留下一筆負面資歷。

然而身為主編的困難之處就在於，你不能只是品味判斷正確，你還得有能力、有骨氣去保護這種品味判斷，向文學圈證明這本選集對得起它的樞紐地位。

「多選」與「少選」的操作

這樣講下來，或許會造成一種誤解：身為文學選集的主編沒有任何自主空間，只能依照文學圈的共識來選人。但事實並非如此，主編有一定的自由度，但這自由度是單向的：如果身為主編，你選出了一篇沒人想過要放進這個範圍的作品，並且能夠在論述上說服大家，那就是別出心裁之舉，可以為這本文學選集大大增色，因為你拓展了大家的視野；但是，文學圈共識認為最重要的那些人，你不能隨便跳過，如果真的不想選，你也必須提出一個論述來說服大家。

簡言之就是：多選是別出心裁，少選則需要解釋。

因此，沒有人會去責怪《同志詩選》裡面有好幾位詩人其實並不是同志，因為那是大家沒想過而主編「多選」的，我們可以等待主編的論述說明；但如果《同志詩選》拿掉陳克華、羅毓嘉等人，你最好準備一個很好的理由。

因此，有些名字是一定要出現的，但「如何出現」就是操作關鍵了。我們回頭整理一本文學選集的常見結構，就會發現有很多可以著力的地方。一本文學選集通常會包含以下的「零件」：

（一）入選作品。
（二）入選作家簡介。
（三）入選作品的個別短評。
（四）主編撰寫的總論、序論。
（五）其他可能的附錄。

一般人講到「文學選集」，會過度專注在（一），彷彿整本書除了它以外什麼都沒有。但主編除了可以決定（一）的入選名單，還可以決定（二）到（五）之間每一個零件的內容。這些零件看似外圍，卻能形成「詮釋框架」，去定位入選的作家、作品。

舉例來說，我前面提到的自己參與的選集《台灣七年級小說金典》，一共選入了八位作者的作品。但原定計畫其實是九位，第九位即陳栢青。由於他個人的意願，我們沒能取得作品的授權，自然就沒辦法收錄他的作品。然而，以七年級小說創作者的創作實績論，陳栢青是無論如何都不能跳過的。因此，你現在如果去找《台灣七年級小說金典》，可以讀到由我所撰寫的序論〈重整的世代：情感與歷史的遭遇〉。這篇文章裡面以每人一段的篇幅，評論了入選的八位小說家。緊接著，還出現了未有選入的「第九家」評述：

最後必須談談的是本書原擬選錄，但因為作者意願而作罷的陳栢青（一九八三～）。雖然本書沒有收錄，但作為小說寫作者的陳栢青，絕對是值得推薦的小說好手。陳栢青的小說極為聰明精巧，行文運事流暢精準，幾乎不曾見到結構或敘述上的失手之處。〈手機小說〉以簡訊篇幅短小的特質為核心意象，點畫出壓縮、裂解的親／愛情關係。

簡訊一來一往、單向閱讀的傳播特質，成為情感與欺騙互相投遞、互相藏匿的載體。〈自拍小史〉以一種科幻的想像力，書寫一則關於「臉」的寓言，當社會學家高夫曼在《日常生活中的自我表演》裡提到的「身分整飾」已不只是一種邊際的符號操作，而是根本可以用「自拍」影像來取代掉整個人時，身分的匿名性就不再只是網路時代的話題，整個現實世界都得「無線（限）上網」了。

這就是一種「就算有某種原因不能選某人，也要讓他的名字出現」的方式。我們讓九家都擁有一樣的評論篇幅，正是一種表態，表示我們認為這些人有同等的重要性。同時，這也是向專業讀者說明，不是我們不知道某個人值得選，而是我們必須尊重作者的意願。作者可以選擇不授權，但主編者卻還是有義務把該出現的名字帶給讀者。

當然，要讓某人的名字出現在文學選集裡，不是只有「在序論裡面另起一段來評論」這個方法，上述（二）到（五）任一種零件都可以完成這種任務，只是輕重力道不同。比如我們完全可以想像，如果《同志詩選》一開始就因為政治疑慮而決定不選陳克華，主編可以在序論裡面直言：「我們將性別平等的價值放在首位，因此雖然明白陳克華在同志詩的貢獻，但還是不予選錄。讀者可參見《善男子》……等著作。」甚或直接做一個附錄，把重要的同志詩集列成清單，把陳克華的重要詩集放在裡面，這一方面表示主編知道他的重要性，也一方面透過「只留清單、不刊作品」呈現了主編的價值判斷。

這樣當然會有可能得罪人。不過，主編本來就是一個充滿人情風險的位置，這便是位居樞紐會付出的隱藏成本。而除了在資歷上多加一筆之外，擔任主編其實沒什麼錢可以賺——大概就是幾千元的編選工作費，和序論、簡評的稿費而已。但也正是因為這項工作純粹事關名譽，所以更需要小心謹慎。賺錢的工作沒做好，大不了虧錢；不賺錢的工作要是還沒做好，虧的就是人格、聲名了。

世事弔詭如此。這倒也真的是，滿有點文學意味的。

21——文學獎是補給站，不是里程碑

把評審當木人樁

二〇一九年五月九日，東吳大學舉辦的「雙溪現代文學獎」[1]公布了複審入圍的名單。其中，（疑似）某位短篇小說組落選者，在「靠北東吳2．0」粉絲頁上面發表了抗議文[2]，認為評審中有兩位是「台女」，「台女」中還有一位是「T」，這個評審組成不公平。這其中的歧視之意甚為明顯，暫且不論。但純以「參加文學獎」這件事來說，倒是有些觀念是可以跟這位參賽者聊聊的。

一言以蔽之，你應該要理解：**文學獎是寫作生涯的「補給站」，不是「里程碑」**。

是的，現在文學獎已經沒有過去那種里程碑式的意義了，得了獎也沒辦法保證你的作品被出版，更不能保證讀者喜歡、有好的專業評價。但這不代表文學獎對寫作者來說沒有用，它只是角色轉換為「補給站」，可以補給你寫作生涯中所需要的資歷、人脈、金錢和知識。

你猜哪個最重要？

對不起，我必須要說出很老人的論點，我認為知識最重要。**其他東西，對於作家來說，其實都很好刷，而只有一件事是很難得到的，就是「專業人士的真心評論」。**當你寫出一定成績，甚至出書之後，同行之間很少有願意真刀真槍評論你作品的，大家多少還是顧忌人情。除了少數真心好友，很難聽到真話的。

而文學獎剛好是一個真話比例比較高的場合。由於作品是匿名的，評審不知道你是誰，所以只能直接從作品來判斷，受到人情干擾的程度極低。因此，你投稿過去，最需要得到的就是評審的意見。如果評審有給評語，稱讚的部分很可能是客氣，批評的部分一定是真心，畢竟與人為善還是台灣社會風氣的預設值；而某位評審投票給你、不投票給你，更是板上釘釘的直接評價。

所以，一個厲害的參賽者，不會只從文學獎賺走獎金，他還會賺走一堆知識，就算沒得獎也可以推敲出很多東西來。重點不是「評審講的都是對的，我要聽」，而是你可以從每位評審的作品和公開言論中，推測出他們各自擅長的風格，然後比對你自己的作品，你就能知道「我的作品對這種讀者有效」或「我的作品對這種讀者無效」，並且知道自己要往什麼方向精進、修改。

從宏觀的寫作生涯來看，你不應該把評審當裁判。

他們是你練拳的木人樁。

你不會希望你這輩子最高的成就，只是得一個大學校園的文學獎而已吧？

比如這次的雙溪現代文學獎的參賽者，如果他能夠冷靜下來估量三位評審的風格，以此回推自己的作品，應該能獲益不少，搞不好明年再投就可以輕鬆碾壓同輩了。當然，從評審的性別和性傾向入手，絕對是錯誤的方向，他得先去讀一下這幾個人的作品才行。剛好，這次的三位評審神小風、楊双子、李奕樵的東西我都讀過，我就來試著用「如果是我參賽」的角度，來示範一下該如何解讀評審結果吧。

評審組合：神小風、楊双子、李奕樵

接下來會進入我的解讀，也許跟三位評審不會完全一樣，不過我相信他們有簡便的管道可以糾正我，所以我就暫時丟出自己化約的理解了。

首先，我們要先從作品來理解這三人個別擅長什麼。

神小風是小說、散文雙棲，小說有《背對背活下去》、《少女核》，散文有《百分之九十八的平庸少女》。近期還有一系列專欄「少女出租店24H」，是解讀少女漫畫的散文。從這些作品，我們大致上可以得到如下印象：神小風喜歡描寫一種扭曲的、甚至有點病嬌的情感；她對於人與人之間的惡意十分敏感，也對於都會的、知識性的、文化資本高的文青圈子，有一份疏離；而從她的專欄選題來看，她是一個擁有嚴肅作品的敏銳度、但非常享受通俗作品的人。

而在「通俗作品」這方面，**楊双子**的傾向更為明顯。她出版過言情小說，最近三本小說是《花開時節》、《花開少女華麗島》與《臺灣漫遊錄》，在她自己的定位屬於「歷史百合小說」，標籤得十分明確。她擅長描寫少女之間的情誼，也在台灣歷史的考證方面下了極大的工夫。除此之外，她的論文是研究通俗小說的，也在文學刊物上發表過相關的評論，在訪談、演講等場合，更可以看出她的分析能力。所以，她對於文學的理解，是有很強的學術理論體系在支撐的。

作為平衡，**李奕樵**不但在性別上與前兩位不同（這真的不重要啦），也是相對來說最「純文學」的一位。他的《遊戲自黑暗》是同世代的小說中，最有濃厚現代主義風格者。他在〈兩棲作戰太空鼠〉這樣的短篇中，展示過他優異的技術控制能力；但在同一本書的其他篇章，又表現出不囿於成規、極力「破框」的野心。相對來說，他的抒情性沒有神小風那麼濃，也沒有楊双子的學術背景，而是以對文學形式的高度掌控力取勝。

好了，三位都簡介完了，現在問題是：我們該怎麼解讀？

請注意，我們上面講的每一句話，都是關於「這位作家擅長什麼」的判斷。但他們在擔任評審時，角色並不是「作者」，而是轉而成為「讀者」，所以這裡會有個麻煩的地方，就是：

他們到底會挑跟自己很像的，還是跟自己很不像的？

答案是：看你寫得怎麼樣。如果你寫進他們的「守備範圍」，通常就是大好大壞的刺激賭博。你的作品好過了一條線，他們就會引為知己，特別容易感受到你的強度；低於一條線，他們也一眼就能看出你的缺點。有時候，反而是守備範圍以外的作品，會比較不容易被挑剔。比如張大春，他是一個技巧非常華麗的作家，可是他過往在文學獎大力支持的，是技法低調、內容深沉的袁哲生、李佳穎，跟自己完全相反。你在他面前秀技巧，反而會因為他自己很會了，很輕易就能拆穿你。

所以，如果你在神小風面前寫神經質的角色、在楊双子面前寫台灣歷史題材的百合小說、在李奕樵面前寫實驗性的純文學小說，結果如何，是一場大賭注。**如果你寫了某人的守備範圍而沒被選，你就知道你沒過那條及格線；反之，你如果能在某人的主場說服他本人，那就算你只說服他、而沒有使其他評審願意支持你得獎，你也有理由吃大餐慶祝。**

回到雙溪現代文學獎

回到雙溪現代文學獎，如果你是那位落選的參賽者，你要怎麼解讀這個結果？

因為我們不知道他到底寫了什麼，所以沒辦法確定作品的類型、各方面的表現，自然無法做出太細膩的推論。不過，我們可以先確認的是，雙溪現代文學獎的複審入圍，採取的是

「聯集」制，意思是「只要有一名評審勾選，你就能入圍」。而這位參賽者沒有拿到任何一票。

這至少意味著，在挖掘深層情感的純文學、重視歷史感和商業平衡的類型文學、強調前衛實驗的純文學這些方面，這位參賽者的作品，「統統沒有過那條線」。如果他寫的東西，不在三位作家的守備範圍之內，那狀況更糟，因為他都已經把評審拖出自己熟悉的主場了，還不能用作品擊倒他們，那代表基本功可能有很大的問題。

身為參賽者，這才是他需要在這場比賽裡面吸收到的「補給」。

當然，以上都只是推論而已。如果真的想多學一點東西，直接拿作品給更多人看，甚至email禮貌詢問評審是否願意多給一點評價，這都是獲取更多補給的作法。反正評審已經讀過你的東西了，只要有時間，很多評審都頗為友善。就算你問了而對方沒空回應，只要你態度不傷人，也至少可以算是打個招呼、點過頭了。

繼續寫，繼續練，文學圈並不大，也許過幾年你們還會再遇到對方——說不定還就是同台一起當評審呢。

---

1 http://reurl.cc/20pKZa
2 http://reurl.cc/Mvq30n

五、火堆夜談

導覽至此，我們也快要結束這趟旅程了。但「文壇」這個生態區如此之大，實在難以用幾篇文章就窮盡。很多時候，你得真的遇上了，才會發現「原來還有這種思路」。因此，在本書的最後一單元，我將附上「作家的新手村」系列中幾篇比較歧出的文章，這些文章當時都是為了回應特定脈絡的問題而寫的。你可以從中重溫我們講過的概念，也可能會發現一些你沒注意過的重點。除此之外，我也將附上我之前多次引用的《秘密讀者》調查報告之一，作為「作家的收入與心態」的數據例證。

22 —— 文學營隊是寫作路的跳板嗎？

一位「作家的新手村」內部社團的讀者問我：

「我聽說參加文學營隊是寫作路上的跳板，這是真的嗎？」

以我個人的經驗來說，是真的。

我的第一本書是在寶瓶文化出版社出的。之所以會投稿到寶瓶，是因為小說家F的介紹。一開始我還沒有想到出書這一步，只是把自己寫好的幾個短篇寄給他看。我們後來碰面討論，他給了我很多意見，接著冷不防一句：「你有想要出書嗎？」答案當然是「有」。於是他建議我投到寶瓶文化。經過一陣子的協調，我驚喜拿到第一本書的合約——是的，我在「技術篇」建議你要認真情蒐各大出版社再去投稿，但我自己的第一本書根本沒有乖乖做。因為有前輩直接指路了。

我之所以在寶瓶出書，是因為得到F的建議。而我之所以能跟F討論稿子，是因為我加入了耕莘寫作會。能加入耕莘寫作會，是因為我先參加了他們辦的文藝營。

所以整個邏輯串起來，我參加過這個文藝營，確實成了加速我出書進度的「跳板」。沒錯，你可以這樣說。

但問題不只是「參加文學營對寫作職涯有沒有加速效果」，你參與任何文學活動，就算只是在大學裡面修一堂現代文學的通識課，都會「有」加速效果——正向效果不等於零就是加速啦。問題是這效果顯著嗎？對每個寫作者來說都是必要的嗎？

讓我把自己的案例說得清楚一點，你就會看到「跳板」背後的複雜條件了。首先，我認識F、並且參與文藝營，是在我高二到高三左右。當時，我是耕莘寫作會裡面最年輕的成員之一。但前頭我講到出書時間，卻是在我碩一左右。所以要說這是跳板嗎？這個板也跳了四、五年。在這四、五年間，我漸漸深度參與耕莘寫作會的各項活動，並且一邊投文學獎。大學初期，我只拿到一些校園級和地方級的小獎。大約熬到大四，我才終於拿到「全國學生文學獎」和「林榮三文學獎」兩個全國級的獎項。雖然有F的建議，但我真正拿到出書合約的時間，也是在得到這兩個大獎之後。

時間無法倒退，但如果現在我可以回去跟當時的自己談話，我會告訴他：沒錯，你要把握前輩作家的協助，他大概可以幫你加速兩到三年的時間。不過，如果你錯過了這個機會，只要繼續寫繼續投，維持同樣的輸出，也大概會在兩三年後出書。只是屆時可能在另外一家出版社而已，這就要看機緣了。

文學營隊作為「跳板」，比較像是一種加分條件。而這種加分條件要生效，是有很多前提的。

首先，你參與的文學營隊，必須要讓學員跟導師有足夠的互動時間，這樣你才有機會讓導師留下印象。我當時參加的文藝營，不但每個小組都有駐營導師，而且還會特別開闢正式課堂以外的「夜談」時間，讓學員能夠跟導師互動。如果你參加的是像《印刻》或《聯合文學》辦的超大型文學營，由於學員人數非常多、活動安排則以單向的講課為主，互動的機會自然就非常少了。而如果是參加大學文學系所（〇〇中文營、〇〇台文營）舉辦的營隊，由於預算較低，講師通常只負責上課、沒有駐營導師的編制，下課之後，你大概只能跟輔導員與其他學員互動，找到新戀情的機會遠比找到「跳板」高多了。

再來還要考慮導師本人的調性。文學營隊的駐營導師基本上都是作家，而普遍來說，作家並不是一種太喜歡社交的生物（問問你自己就知道了：如果有朝一日成為作家，你會喜歡都跟別人交際嗎？）。所以即便有上述駐營導師的制度，每位導師願意交流的程度是不一樣的。更何況，喜歡社交也不代表喜歡跟學員社交，文壇中只巴結前輩、對平輩以下視而不見的人也是有的。七折八扣下來，只有一小部分作家是特別關切文學新人的，你需要一點運氣才能遇到對的人。溫煦的前輩當然不少，但大都比較低調，在文學營隊裡面不見得能遇到。

接著，有一個更隱藏的條件是，這些認真關切新人的作家當中，他們是否跟出版社有緊密的合作關係？如果有，是哪一個或哪類型的出版社？這方向是否適合你的作品？以我來說，我現在合作最多的出版社是大塊文化和奇異果，也許還可以加上有朋友任職的其他幾個出版社，如果我關注的一位潛力新秀希望循我的介紹出書，那其作品至少必須呼應出版社的風格，否則我也是愛莫能助。更近一點的例子，可以看林達陽在二〇一九年介紹新人張嘉真的臉書文字[1]。林達陽有一個段落很明確地提到了張嘉真在三采出書的因緣——三采是很少出所謂「純文學」作品的，同溫層最知名的作家，大概是很多人嫌得要死的Peter Su和肆一吧——，文字不長，但足以讓我們看到這種推薦機制運作的軌跡。而張嘉真的作品，是可以包裝成青春校園故事的，所以放在三采並不奇怪；你可以想像，如果張嘉真的風格是李奕樵那種冷硬程度，三采大概也很難出吧。

最後，最重要的條件是你的「作品」。我可以很明確地說，不管你有多少機會跟一位成名作家互動，不管你感覺他／她對你有多好，只要他／她還沒看到你的作品，那統統都不是真的。很少作家會純粹因為跟你有交情，就把你推薦給自己認識的出版社。因為如果他／她跟某出版社熟到了可以推薦的程度，那他／她就不太可能推一個自己沒把握的產品去相害。所以，如果你加入文學營隊，想要以此找到「跳板」，你的戰略目標應該是「讓某位作家願意讀我的作品」，然後才有機會「因為作品而得到賞識，加速出版流程」。中國唐宋有所謂「溫卷」的風習，就是在科舉考試之前，先把自己的文章呈給名人閱讀，以求增添文名、增加考試時的優勢。如果文學營隊有任何「跳板」的作用，最主要的機制就是類似「溫卷」這種動作。

但這就是弔詭之處了：如果你的作品好到作家會留下深刻印象，通常你在文學獎裡面也應該能夠脫穎而出（因為評審的就是這些作家啊！）。你投文學獎時，評審作家讀你的作品，是基於工作職責，不可能不讀；而在文學營隊裡，你要慮到他／她願意讀，反而是很需要機緣和運氣的事情，比純粹投文學獎還多一道關卡。

回到原來的問題：「我聽說參加文學營隊是寫作路上的跳板，這是真的嗎？」是真的，但別期待能跳多高。原因就在〈文學人意識形態：創作優先〉裡面說過了，我們都是殘酷的實力主義者，是認作品優先於認人的。社交時，大家當然都可以好來好去；但要把資源渡給後輩，促成合作機會時，光是為了自己的面子、為了維繫自己的品味與風格，就足以讓這種「跳板」本身變成荊棘路了。

反過來說，就算我們只在文學獎或某些刊物讀到作品，對某位新人素未謀面、毫無淵源，只要作品本身說服了我們，也是有可能默默從某個方向把資源輸送過去的。二〇一九年，我參與某個獎項的評審，就親眼見到好幾位資深的評審作家，充滿熱情地盛讚前一年出第一本書的洪明道，並且毫不遲疑地把獎項頒給他的作品《等路》。從各種人際網路來看，他們應該是不太認識洪明道本人的，更別說什麼文學營隊的緣分了。

要問「跳板」有什麼效果，最重要的還是你本人有多會跳。

---

1 http://reurl.cc/qdQGrE

23——想寫作的人，大學該怎麼選系？

每年大學學測後，高中生就必須認真開始思考選系的問題了。這篇短文就是寫給「想成為文學寫作者的高中生」的一點小建議，包含選系要注意什麼、大學時期可以加強什麼，以及基本的「業界」想像。

如果你是符合條件的高中生，或者你認識有這種想法的高中生、甚至如果你是家長，而子女有寫作夢，都可以參考本文的觀念。以下我們就分成十二條來談，順便釐清一些常見的迷思：

一

念什麼科系，對於能否成為「作家」的差異不大。不管你念什麼科系，你的教授都是靠「寫論文」而非「寫小說／寫散文／寫詩」來討生活的。他們可能很會論述，但真正能教你創作的鳳毛麟角。所以，除非你真的喜歡研讀文學作品，否則不一定要讀文學系所。事實上，大多數的文學寫作者都「不是」文學系所出身的。

二

沒有科系能教你創作，因此你必須自己騰出大量的時間來自我鍛鍊：這意味著，你在選系時，可以避免選擇「太忙」的科系。我小時候常常聽到大人說，台灣有很多「醫生作家」，去念醫科也可以寫作。這其實不太對——如果你真念了醫科這類壓力很大的科系，自然會壓縮到你鍛鍊讀寫能力的時間。

三

如果你真的很想念文學科系，請注意科系名稱。科系名稱上若出現「語」這個字，多半是以「語言學」為主；如果出現「文化」一詞，也可能更傾向民俗或社會研究，不會完全都在研讀「文學」。這些是完全不同的專業，搞錯了你一定會很痛苦。

四

文學科系當中，大致可以分成「中文」、「台文」、「外文」三個系統。雖然每個系所都有個別差異，但大致來說：「中文」的研讀範圍會比較集中在中國古典文學，「台文」的研讀範圍以二十世紀以後的台灣現代文學為主流。而「外文」系統，除了是以英美文學為主流外，也會是文學理論最紮實的系統。三個體系各有優缺點，不過如果你英文好的話，我個人建議還是以外文系統為首選，其次是台文系統；中文系統跟現代文學創作的連結是最薄弱的。

五

進入大學之後，不管你多忙，請維持一定程度的練習量。閱讀和寫作都是。文字是一種很麻煩的工具，一陣子沒動，腦袋就會退化得很快。而如果你一直在狀態裡，累積是不會騙人的。另外，閱讀與寫作的分量要均衡一些，一直讀而不寫、或一直寫而不讀，進步都會很有限。

六

大學的生活相對自由，所以你要慢慢在這種環境裡，培養出自己的「紀律性」。你可以從按時交報告、朋友邀約不遲到開始。如果你真的成為職業作家，你一個月要交的稿件數量，絕對遠多於一個學期的大學報告；你要趕赴的演講、座談，也絕對比朋友的邀約更多。到了那時候，你的每一次拖搞和遲到，都會損傷你在業界的信用。

七

不要相信「寫作是孤獨的事」這類故弄玄虛的說法。剛好相反，有一群喜好文學的朋友是很重要的，如果他們也都是創作者就更棒了。有朋友可以互相討論、看稿，你的進步會比單打獨鬥快很多。而如果你們都有所成長，一、二十年後可能還會成為彼此的文壇夥伴。所以，偶爾去參加文藝營、座談會之類的藝文活動是很不錯的。

八

你應該盡早開始投稿文學獎，或者至少經營自己的寫作社群（比如部落格或粉絲頁）。

一方面，固定的投稿和發表可以督促你自己多寫、多練習；二方面，大多數寫作者初期一定是會一直被退稿的，你越早開始「累積」被退稿的經驗，你就越早可以離開這個階段。

九

承上題，「作家」這種職業有項獨門的好處：你可以在畢業以前，就開始進入「業界」闖盪。只要你投稿投出成績了，大家通常不太會在乎你的年齡，願意給你更多表現機會。你如果早早開始累積經歷，二十五歲以前就成為業內老鳥，也不是不可能的事。相反的，也由於你提早開始，就算最後決定放棄，你也只是花掉一些學生時代的時間而已，機會成本非常低。

十

一般來說，如果你非常認真投稿，快則一、兩年，慢則四、五年，幾乎都會有所小成。但我說的是真正的「認真」——每年至少全力參賽十二次，把作品寫完並且細心修過；維持不間斷的日常閱讀，這種等級以上的「認真」。這只是基本要求，如果你無法付出這樣的努力，那就連自認懷才不遇的資格都沒有。

十一

「作家」的領域非常多元，不同文類、不同類型都有不一樣的要求。你想成為哪一類的作家，就必須廣泛涉獵那一類型的作品，這也是基本要求。不讀詩的詩人，不讀推理小說的推理小說家，或不讀散文的散文作家，終究是沒辦法長久生存的。透過閱讀，你才會知道「業界」的趨勢，也才能從中找到還沒有人踏足的新方向。如果閉門造車，很可能會發生「重新發明車輪」的慘劇。

十二

最後，時間是唯一無法投機取巧的資源，堅持寫下去才有機會站穩「一軍」；但反過來說，如果有一天你意識到自己不適合，想要放棄了，也不必覺得丟臉。這世界上有趣的事情很多，沒什麼非文學不可的。當然，如果你堅持下來了，我會非常開心，期待有一天能在書店裡看到你的名字：歡迎你加入這個古老而古怪的行業。

以上是一些概略的建議。

最後這段話，是給家長的。

我知道很多有寫作夢想的孩子，都苦於面對憂心忡忡的家長。我也明白家長擔心自己的孩子，未來無法靠寫作自力更生。在此，我想稍微請家長放寬心：雖然出版市場的總額一直下跌，書確實不好賣；但是，在網路時代，「文字工作」的整體機會，卻是比過去要多上很多的。沒錯，寫作很難讓人致富，不過在我們這個年代，具有專業水準的文字工作者，要一邊追尋夢想一邊賺到足以生活的月收入，並不是太困難的事情。

因此，如果您知道孩子有寫作的夢想，容我僭越地代他／她請願：就讓孩子在學生時代試試看吧！我上面所給的建議，都是可以在大學期間執行的。孩子若有心追夢，那也要有相應的覺悟，去付出努力。如果他／她最後成功了，那您的支持絕對功不可沒；就算他／她寫了幾年卻毫無進展，這段時間的高強度讀寫訓練也不會白費。寫作是應用範圍非常廣泛的一種能力，這對孩子未來投入其他職業也是有幫助的。

我不會說出「人就應該追逐夢想」這種不顧現實的話。我只是希望每一個想寫作的孩子，都能有一段時間，起碼能夠試試看、拚拚看。如果他們不夠努力，那至少也真真切切輸過一場。誰也不知道孩子到底行不行，就讓他們站上擂台去跟自己的生涯搏鬥一輪，為自己的信念負責一次吧！這會是比什麼都還要寶貴的經驗。最後能不能成為作家，反而已是其次了。

24 ——寫作者的「過年親戚應對指南」

每年過年，我的臉書上就會出現許多寫作者的哀號。原因當然在親戚：一般親戚會問的「結婚」之類的問題，寫作者當然不能免；而談到寫作者的工作時，更又是進入了無法溝通的次元。就算是工作狀況穩定的作家，常常也無法避過劫難。

這些親戚常提出的問題多半都會讓人十分煩躁。在這篇文章裡，我會試著回答幾個「考古題」。當然，就算你講得有憑有據，某些人類還是無法說服的。那就是為什麼他們是他們，而我們是我們。接下來，我會試著用比較「務實」的角度來回答下列六個問題，避免提及任何親戚無法理解的「文學理想」、「美學成就」之類的說法。

一、寫作養得活自己嗎？

事實上，比想像中可以。

一般人對文學寫作者的想像，就是「連22K都賺不到」，會直接餓死。但根據二〇一六年九月號的《秘密讀者》調查，六十多名文學創作者的平均月薪是44,557元，其中「已出書」的作家群，平均月薪是55,154元，是高於台灣人薪資中位數的。而即便是「未出書」的創作者，平均也有25,773元的月薪，比當年的最低薪資21,009元還要高出一截。這是二〇一六年的數據了，二〇二〇年的演講費等基本標準都提高了，如果今天再調查一次，數據一定是再往上的。實際上的收入組合，你可以參見之前的一些討論。

當然，這個調查的樣本數很少，如果能更廣泛的抽樣，我猜數字會稍低一些。更重要的是，這個數字不是純粹的「寫作收入」，而是把「寫作者本人的所有收入」加進來的結果，所以有些人的數字還包括了「正職」的收入。不過，這也是意味著，在持續創作的前提之下，台灣的寫字人並不是沒有辦法養活自己的。

——當然，後面這段分析是讓你自己知道現實。如果只是要堵親戚的嘴，你可以只揭露第一段就好。

除了帳面數字以外，你也可以跟他們聊聊「新媒體」，告訴他們，在網路資訊量爆炸的時代，文字工作者的工作機會其實遠比以前多很多。這跟一般人想像中的「網路時代文字會被弱化」完全相反；通常你給出一些違反他們直覺的說法時，有部分人類就會當機而無法再追問下去了。

二、寫作的職涯有未來嗎？

這時候，就是你把「作家的進化表」背出來給他們聽的時候了。

不過，如果你想比較認真地說明的話，你可以用「累積信任、累積人脈」的概念去跟親戚們說。一般人提到「職涯」，指的是升遷的可能性。不過作家的頭銜不太會改變，因此看似好像沒有長遠的職涯。

但事實上，一名作家的職業等級有多高，端看他的合作單位最高會到什麼等級。初出茅廬時可能只有認識的學生社團會委託你，慢慢的可以擴散到各級學校、公家機關。而到了黃春明這個等級，就可以跟縣政府大小聲，甚至可以單挑文化部。越高等級的合作單位，所能給付的酬勞、授與的榮銜、交付的任務，自然就會越重要。因此，如果要評估作家的「戰力」的話，可以考慮對方正在跟誰合作、執行什麼樣的專案。

而作家職涯的最高期望可以是什麼呢？就看你的想像力了，任何願意出錢的單位都是可能的，畢竟「寫作」毫無疑問是種服務業。但我想，成為一名被愛好文藝的企業家尊敬的作家，應該會是一般人類滿羨慕的未來——搞不好屆時就有一個基金會在你背後，看你想幹嘛就出錢幫你辦好了呢。

三、所以你每天都在幹嘛？

會問到這題的親戚，也許是比較有誠意要了解你的。當然，也有可能是他看你整天都在「玩電腦」，所以很困惑你到底什麼時候是在「上班」。

經過實驗證明，我覺得最能止住嘮叨的回答是：「我每一秒都在上班耶，包括現在。」

這其實不算謊話，因為寫作是由大量的經驗轉化而成，不管是滑手機、看影片、出去玩還是現在了無生趣地跟親戚聊天，都可以視作經驗取材的過程。如果這個答案太像玩笑話的話，你乾脆掰個「我每天都工作十二小時耶」這樣明確的數字給他們吧。這題的重點在於，會這麼問的親戚，通常只是希望看到你表現出勤勞向上的樣子而已，所以你藉機說自己累得像狗一樣，他們就會比較願意相信你真的是「務實」地在「工作」。

畢竟，大多數的人類並沒有辦法想像什麼是「愉快的工作」。所以「做自己想做的事情比較愉快」這種話，你就看對象來決定要不要說吧。

四、你為什麼不去中國發展？

接下來進入親戚不懂裝懂的區域。NO.1的問題大概就是這個：「中國的市場很大，你可以去那邊出書啊。」

你怎麼不自己去看看，十年內你沒賠到哭著回來我隨便你。

不對，上面那句是真心話，所以不能說。這題我們還是用具體的細節來回擊。在中國出書的狀況是這樣的：

（一）雖然市場很大，但競爭也異常激烈，那邊各式各樣的寫作者非常多，你到人家主場作戰，並不一定能討得了好。你很難比他們更了解自家讀者。

（二）除非你在中國的創作類型網站上嶄露頭角，或者運氣很好讓某些出版社認識你，否則你都只能先在台灣出書，然後再把版權賣過去。而一般版權販售的收入，是你跟台灣本地的出版社要對拆的。除非你爆紅，不然收入並沒有想像中多——這不是跟在台灣一樣？

（三）中國出版社的起印量比台灣高，我們的標準大約是兩千本，對方的標準大約是八千本。考慮上一條提到的對拆，中國人口雖然比我們多四、五十倍，但你確定拿得到手的不過是兩倍，這還沒算匯差。而更可怕的是，起印量八千，但你可能這輩子只會拿到這筆錢——因為在中國，出版社自己就經營盜版事業，是很常見的事。它可以默默印個兩、三萬本去賣，但不給你後續的報表，反正你也沒機會知道。

（四）在中國有沒有作家大賺的例子？有的，比如最近幾年的許榮哲，他的《小說課》在中國熱銷數十萬冊。但請注意，這本書在引進中國之前，已經在台灣先賣了好幾萬冊了，早就是現象級暢銷書。這意味著，商品本身的強度才是重要的，如果只是看中國人口多，就以為人家的錢好騙，那是不尊重他們的市場。

所以，總結起來就是：中國人的錢真的沒那麼好賺，如果連台灣兩千多萬人的市場都搞不定，那把希望寄於陌生的國家，是頗沒有市場頭腦的無謀決定。我甚至都還沒講到他們的政治環境和言論審查呢。

五、你知道最近「ＩＰ」很紅嗎？

這題通常好發於愛看《天下》、《財訊》、《商周》，就覺得自己什麼都懂的阿北。

真心話是：「你知道這概念歐美日早就玩好幾十年了嗎？你不要跟中國人一樣最近才發現新大陸好不好？順帶一提，中國人差不多也把自己的ＩＰ產業玩壞了。」

這話當然不能講，他們會羞憤交加，然後你的年夜飯就會吃得更加煩躁。我的建議是你繞著說，不要直接批評他的理解慢了兩百拍，而直接去跟他講幾個台灣的例子，讓他覺得你沒反對他的想法、而且真的有做過功課。這一點上，我還滿推薦你去了解一下「臺北地方異聞工作室」在做的事情，他們應該是台灣文學圈少數真的有能力做出ＩＰ的團隊，可以把一套世界觀轉換成小說、非虛構寫作、桌遊、漫畫、遊戲等作品。當然，對於電視世代來說，他們更知道的可能是楊富閔的《花甲男孩》或吳曉樂的《你的孩子不是你的孩子》。大多數的親戚對「ＩＰ」也不會有太深的理解，只要讓他們聽到有很多改編，他們就會被混淆注意力了，至於改編之後的收益如何，這問題是一般人不會想到的。

六、你可以教我們家〇〇作文嗎？

先確定他有沒有要出錢，如果沒有當然就裝傻，有的話可以考慮答應。我是認真的。不只是為了賺點不無小補的零用錢而已。更重要的是，教學、講述自己的文學知識，是非常需要經驗的。演講是作家最優質且穩定的收入來源之一，而在一名文學新人的生涯初期，你其實沒有太多機會可以上台演講，如果你等到出書之後再開始加強這個部分，自然就會影響到你累積回頭率、累積讀者的速度。

總之，雖然你可能跟我一樣，聽到「作文」兩個字就想翻白眼，想好好訓斥對方說「寫作跟作文毫無關係」，但請你先稍微忍住，打聽一下對方到底有多認真。如果他願意付出一點基本的酬勞，甚至幫你介紹學生，我倒是覺得用親朋好友的小孩當實驗品來練經驗值，是滿不錯的選擇。當然啦，如果他只是想拗你，沒有打算付錢的話……

那你還是訓斥他好了。

假設你真的遇到了好親戚

最後，如果你萬分幸運，真的遇到了一個可以溝通的好親戚，那上述的問答統統都可以是廢話。千言萬語，選擇寫作這一行，只需要一個原因就夠了：

「我這樣子會比較開心。」

25 ——文學創作者的基本狀況調查

這篇是發表於書評雜誌《秘密讀者》二〇一六年九月號的調查報告。這份報告由我執筆，主要根據我們在二〇一六年八月七號到二〇一六年八月三十一日之間的一份問卷。這份問卷在我的Facebook帳號發出。調查期間，我們總計收到一百二十四份樣本，扣除格式不符的兩份後，共有一百二十二份樣本。其中，經過查證，確定至少出過一本個人著作的樣本為五十九份，未出書的樣本為六十三份。為了比較兩者之間的差異，我們當時將每一題的統計結果分成「總和組」、「出書」、「未出書」三組來發布，視每一題的調查立意和資料分布狀況，來呈現平均數、次數分配等數值。由於並非每人每題均有填答，故每題的樣本數會略有變化。

這份調查報告，可以說是我撰寫「作家的新手村」系列計畫的理念來源之一。這些數據證實了我的某些觀察，也改變了我對某些現象的看法。我將調查報告略作修改之後，收錄如下。這些數據有抽樣上的侷限性，而且調查時間是二〇一六年，與此刻的脈絡不盡相同，但仍有一定的參考意義。

以下我將逐題發表統計數據。如有需要說明之處，則會對統計數據處理的思路略作討論，並且簡單分析統計數據可能的意義。

一、基本資料

1．您目前的最高學歷是？

	總和組	出書組	未出書組
博士	9	7	2
碩士	42	33	9
大專	47	17	30
高中職	15	1	14
國中	7	0	7
總數	120	58	62

從以上的數據，我們可以看到參與本次問卷的小作者，有八〇%以上擁有大專（含）以上學歷。其中，出書組在大專（含）以上的比例更是超過九八%、碩士以上的比例超過六八%，顯示「出書」仍然需要非常高的教育門檻。

2．請問您的出生年是？

	總和組	出書組	未出書組
50歲以上	8	7	1
40～49歲	9	8	1
30～39歲	38	30	8
20～29歲	51	12	39
10～19歲	11	0	11
總計	平均30.196歲，樣本數117位	平均35.684歲，樣本數57位	平均24.967歲，樣本數60位

從年齡上來看，我們這次調查的對象年齡平均是三十歲，且八五%以上都是四十歲以下的年輕寫作者。此外，我們可以發現出書組與未出書組的平均年齡差了將近十歲。且出書

組的最低年齡均在二十歲以上，無論是平均數還是中位數都在三十五歲左右。當然，這個數據調查的是填答者此刻的年齡，而不是第一次出書的年齡，所以若要討論「出書時的平均年齡」，此一數據的範圍大約就會落在出書組與未出書組之間。

二、作品發表概況

1．請寫出三個您最常發表文學作品的媒體。

總和組（樣本數200）	出書組（樣本數110）	未出書組（樣本數90）
自由時報副刊（19）	自由時報副刊（16）	艾比索（Episode）（7）
聯合報副刊（17）	聯合報副刊（13）	人間福報副刊（5）
人間福報副刊（15）	人間福報副刊（10）	聯合文學（5）
聯合文學（14）	聯合文學（9）	衛生紙詩刊+（5）
幼獅文藝（10）	幼獅文藝（6）	中華日報副刊（5）

衛生紙詩刊＋（8）	中國時報人間副刊（5）	聯合報副刊（4）
中國時報人間副刊（7）	印刻文學生活誌（5）	幼獅文藝（4）
中華日報副刊（7）	衛生紙詩刊＋（3）	秘密讀者（4）
艾比索（Episode）（7）	好燙詩刊（3）	自由時報副刊（3）
秘密讀者（6）	中華日報副刊、秘密讀者、國語日報、Readmoo、幼獅少年、外邊世界、okapi、乾坤詩刊、創世紀詩雜誌（2）	海星詩刊（3）

在這一題當中，我們計算的是被提及的次數，並且僅列出數據較多的前十名。從總和組看來，副刊仍然是這批年輕寫作者最主要的發表園地，在前十名中總共占了五名，並且占提及次數的三二・五%。將出書組和未出書組比較之後，我們也會發現出書組當中，副刊和文學雜誌等傳統文學媒體的提及次數較高；而未出書組則在各個媒體上的提及次數都較低，且最高者為網路平台「艾比索（Episode）」，顯示傳統文學媒體的進入門檻較高。

2．平均而言，自從您投入寫作以後，一年大約會發表幾篇文學作品？

	總和組	出書組	未出書組
30篇以上	6人	2人	4人
20～29篇	10人	4人	6人
10～19篇	26人	18人	8人
1～9篇	60人	22人	38人
平均篇數	9.375篇，樣本數102	8.732篇，樣本數46	10.018篇，樣本數56

在此我們可以看到，台灣的文學寫作者每月平均的發表篇數，大多數都不到一篇。若搭配之後的稿費調查來看，多少能窺見為何「寫作無法支撐生活」的觀念會如此深植人心。除此之外，值得注意的是，一般來說我們會認為出書組的樣本比較有khám-tsām，應該更容易發表作品；但事實上，出書組發表的作品平均來說比未出書組的少，這究竟是抽樣偏誤還是另有因素，值得進一步研究。

3．在最密集的時候，您一個月大約會發表幾篇文學作品？

	總和組	出書組	未出書組
30篇以上	1人	1人	0人
20～29篇	2人	1人	1人
10～19篇	6人	4人	2人
1～9篇	103人	49人	54人
平均篇數	4.204篇，樣本數112	4.273篇，樣本數55	3.474篇，樣本數57

承上題，雖然出書組平均而言發表的篇數較未出書組少，但討論到密集度的時候，出書組的單月平均就比未出書組多出了快要一篇。這樣的「爆發力」之差別，或許是因為出書組有更多被邀稿的機會，或者在想要發表時能夠擁有更暢通的管道。

4．在您記憶中，兩篇文學作品發表的相隔時間，最長相距多久？

	總和組	出書組	未出書組
40個月以上	8人	5人	3人
30∫39個月	9人	2人	7人
20∫29個月	8人	5人	3人
10∫19個月	39人	20人	19人
1∫9個月	54人	26人	28人
平均每人間隔月數	14.568月，樣本數118	15.5月，樣本數58	13.667月，樣本數60

5．在您已發表的文學作品當中，有多少百分比的篇章，曾經至少被其他媒體退稿一次？

（文學獎投稿落選，亦視同退稿）

	總和組	出書組	未出書組
80％以上	17人	8人	9人
60％～79％	13人	4人	9人
40％～59％	19人	9人	10人
20％～39％	24人	12人	12人
0～19％	33人	19人	14人
平均每人已發表文章被退稿率	38％，樣本數106	33％，樣本數52	42％，樣本數54

上述兩題均為測量作品發表的困難度。

6．在您已發表的文學作品當中，有多少百分比的篇章，是「編輯主動邀稿」？

	總和組	出書組	未出書組
80%以上	17人	15人	2人
60%～79%	7人	6人	1人
40%～59%	13人	8人	5人
20%～39%	14人	9人	5人
0%～19%	67人	18人	49人
平均每人已發表文章之被邀稿比率	27.492%，樣本數118	43.804%，樣本數56	13%，樣本數62

「邀稿」作為一個指標，可以測量寫作者被文學生產體制認識、信任的程度，同時是能力和人脈兩個向度的綜合。從次數分配和邀稿比例來看，出書組與未出書組被邀稿的機會確實有非常顯著的差異。

7．平均而言，您所發表的文學作品，每篇大約多少字？如果是詩歌，大約是多少行？

（填答時請附上單位）

文	總和組	出書組	未出書組
8,000字以上	8人	5人	3人
6,000字～7,999字	7人	5人	2人
4,000字～5,999字	12人	5人	7人
2,000字～3,999字	34人	16人	18人
0字～1,999字	21人	10人	11人
平均每篇發表字數	3,545.122字，樣本數82	3,814.634字，樣本數41	3,275.601字，樣本數41

詩	總和組	出書組	未出書組
30行以上	19人	8人	11人
20～29行	23人	11人	12人
10～19行	10人	3人	7人
平均每篇發表行數	23.731行，樣本數52	24.364行，樣本數22	23.267行，樣本數30

這題的數據顯示了，台灣寫作者比較常遇到的發表篇幅有多長。在「文」組中，平均數是三千五百多字，中位數也落在兩千字至三九九九字之間，不管是出書或未出書都很一致。但出書組的平均字數還是比未出書組更高，或許能夠從中看見出書組通常更有機會刊出長一點的稿子。

而在「詩」組，則各組之間的差異不大，平均數都落在二十三至二十四行，中位數也都落在二十至二十九行這組中，顯示在刊登現代詩的媒體中，已出書的作家並不會在篇幅上得到更多優待。

8．您所發表的文學作品，最短的一篇大約是多少字？如果是詩歌，最短一首大約是多少行？

（填答時請附上單位）

文	總和組	出書組	未出書組
2,000字以上	11人	4人	7人
1,500字～1,999字	2人	0人	2人
1,000字～1,499字	17人	9人	8人
500字～999字	24人	12人	12人
0字～500字	17人	11人	6人
平均每篇發表字數	1,149.197字，樣本數71	951.389字，樣本數36	1,352.657字，樣本數35

詩	總和組	出書組	未出書組
20行以上	11人	3人	8人
15行～19行	1人	1人	0人
10行～14行	14人	6人	8人
5行～9行	13人	4人	9人
0行～4行	19人	8人	11人
平均每篇發表行數	10.017行，樣本數58	8.545行，樣本數22	10.917行，樣本數36

9．您所發表的文學作品，最長的一篇大約是多少字？如果是詩歌，最長一首大約是多少行？

（填答時請附上單位）

文	總和組	出書組	未出書組
200,000字以上	3人	3人	0人
150,000字～199,999字	4人	3人	1人
100,000字～149,999字	4人	3人	1人
50,000字～99,999字	9人	6人	3人
0字～49,999字	65人	28人	37人
平均最長字數	38,499.824字，樣本數85	57,737.209字，樣本數43	18,782.143字，樣本數42

詩	總和組	出書組	未出書組
100行以上	3人	3人	0人
75行∫99行	4人	2人	2人
50行∫74行	11人	6人	5人
25行∫49行	19人	5人	14人
0行∫24行	7人	1人	6人
平均最長行數	54.409行，樣本數44	76.706行，樣本數17	38.741行，樣本數27

三、文學作品收入概況

1．平均而言，您發表文學作品時的稿費是每字幾元？如果是詩歌，每首幾元？（填答時請附上單位）

文	總和組	出書組	未出書組
2元以上	6人	3人	3人
1.5元～1.9元	6人	6人	0人
1元～1.4元	35人	21人	14人
0.5元～0.9元	13人	4人	9人
0元～0.4元	13人	4人	9人
平均每字稿費	1.03元，樣本數73	1.081元，樣本數38	0.974元，樣本數35

詩	總和組	出書組	未出書組
2,000元以上	2人	0人	2人
1,500元～1,999元	5人	3人	2人
1,000元～1,499元	5人	4人	1人
500元～999元	7人	3人	4人
0元～499元	18人	8人	10人
平均每首稿費	723.684元，樣本數38。扣除離群樣本1個，為581.081元。	636.111元，樣本數18。	802.5元，樣本數20。扣除離群樣本1個，為528.947元。

從這一題中，我們大致可以看出文學媒體在稿費上的「行情價」，大概就是每字一元左右。但值得注意的是，「文」組中的出書組和未出書組，其平均稿費差異非常小，也就是說，多數的文學媒體的稿費可能都只能壓在一個較低的水準，沒有足夠的預算能因應作者的不同等級而變動。但相對的，詩刊反而在中位數和平均數（扣除離群樣本一個之後）上，出書組還略優於未出書組。

2．您發表文學作品時，遇過的最低稿費是每字幾元？如果是詩歌，每首幾元？（填答時請附上單位）

文	總和組	出書組	未出書組
1元以上	16人	12人	4人
0.5元～0.9元	17人	11人	6人
0元～0.4元	38人	19人	19人
平均最低每字稿費	0.412元，樣本數71	0.477元，樣本數42	0.318元，樣本數29

詩	總和組	出書組	未出書組
1,000元以上	2人	1人	1人
500元～999元	2人	2人	0人
0元～499元	30人	12人	18人
平均最低每首稿費	161.912元，樣本數34	193.333元，樣本數15	137.105元，樣本數19

在這一題當中，我們試圖測量寫作者會遭遇的最低待遇是多少。除了上述的統計數據之外，驚人的是「零稿費」的比例。在「文」組當中，共有二十七人拿過零元稿費，約占三八％；而在「詩」組當中，有二十人拿過零元稿費，約占五九％，顯示寫作者的文字勞動成果仍然得不到應有的尊重。

3．您發表文學作品時，遇過的最高稿費是每字幾元？如果是詩歌，每首幾元？

（填答時請附上單位）

文	總和組	出書組	未出書組
10元以上（含10元）	6人	3人	3人
8元～10元（含8元）	2人	2人	0人
6元～8元（含6元）	3人	1人	2人
4元～6元（含4元）	7人	7人	0人
2元～4元（含2元）	17人	13人	4人
0元～2元	30人	11人	19人
平均最高每字稿費	3.318元，樣本數65	4.012元，樣本數37	2.401元，樣本數28

詩	總和組	出書組	未出書組
5,000元以上	9人	6人	3人
4,000元～4,999元	1人	0人	1人
3,000元～3,999元	3人	1人	2人
2,000元～2,999元	4人	2人	2人
1,000元～1,999元	3人	2人	1人
0元～999元	16人	6人	10人
平均最高每首稿費	6,230.286元，樣本數36。扣除離群樣本1個，為3,472元。	5,443.75元，樣本數17。	6,892.632元，樣本數19。扣除離群樣本1個，為1,720元。

在這題當中，我們希望比較寫作者在稿費上「可能的願景」。在「文」組中，無論是平均數還是中位數，寫作者們遇到的最高稿費都在每字三元左右。但出書組和未出書組的對比卻非常明顯，平均數跟中位數都差了一個等級。

而「詩」組在扣除離群值樣本一個之後，出書組和未出書組的平均數更是相差三倍之多。

4．平均版稅率、最高版稅率、最低版稅率

如果您已有作品出版成書——	平均版稅率是幾%？	您拿過的最高版稅率是幾%？	您拿過的最低版稅率是幾%？
10%以上	3人	8人	2人
10%	28人	29人	19人
5%～9%（含5%）	13人	6人	18人
0～5%	2人	0人	7人
平均	13%。扣除離群樣本2個，為8.93%	16%。扣除離群樣本3個，為10%	10%。扣除離群樣本2個，為7%

「版稅率」指的是每賣出一本書，作者可以從此書定價中抽取之酬勞比例。此題未出書組無資料，故僅提供次數分配表與平均值。從眾數來看，一〇%很明顯地是大部分文學創作者會接觸到的版稅數字。

5．平均單書首印量、最高單書首印量、最低單書首印量

如果您已有作品出版成書——	平均單書首印量是幾本？	您遇過單書最高首印量是幾本？	您遇過單書最低首印量是幾本？
5001本以上	0人	1人	0人
4,001本～5,000本	1人	1人	1人
3,001本～4,000本	2人	4人	1人
2,001本～3,000本	17人	13人	5人
1,001本～2,000本	10人	16人	19人
0本～1,000本	16人	10人	23人
平均	1,776.604本，樣本數46	2,173.556本，樣本數45	1,396.327本，樣本數49

「首印量」指的是書籍剛上市的第一刷的本數，這同時也是出版社對該名作者的商業潛力之評估。在這一題當中，我們可以約略看出出版社對文學書的信心大概是在哪個區間。

6．平均銷量、最高銷量、最低銷量

如果您已有作品出版成書，平均銷量約是幾本？	
5,001本以上	1人
4,001本～5,000本	3人
3,001本～4,000本	1人
2,001本～3,000本	7人
1,001本～2,000本	12人
0本～1,000本	21人
平均	1,635.644本，樣本數45

如果您已有作品出版成書，最高銷量是幾本？	
15,001本以上	2人
10,001本～15,000本	2人
5,001本～10,000本	1人
0～5,000本	35人
平均	3,543.317本，樣本數40

如果您已有作品出版成書，最低銷量約是幾本？	
5,001本以上	0人
4,001本～5,000本	1人
3,001本～4,000本	1人
2,001本～3,000本	3人
1,001本～2,000本	11人
0本～1,000本	25人
平均	1,164.146本，樣本數41

這題測量的是已出書的作者曾經經驗過的銷量。在平均銷量和最低銷量兩個問題裡，大部分的人都僅有不足一千本的紀錄，可以讓我們看到一般文學書的量能大概是多少。而最高銷量的平均也僅有三千五百本，換算成上述統計的稿費收入，便大致可以估計台灣寫作者透過出書所能獲得的收益。

四、文學相關收入概況

1．平均而言，您一年大概會主講幾場公開講座？

	總和組	出書組	未出書組
21場以上	2人	2人	0人
16場～20場	5人	5人	0人
11場～15場	3人	3人	0人
6場～10場	11人	8人	3人
1場～5場	37人	27人	10人
0場	59人	11人	48人
平均	3.438場，樣本數117	6.396場，樣本數56	0.721場，樣本數61

一般來說，「公開講座」是文學創作者除了稿費、版稅以外，最重要的收入來源之一，同時也是經營讀者社群的重要場合。同時，公開講座也通常是受到邀約之後才能進行的，所

以也可以作為寫作者是否被「認識」或「信任」的指標。從本題來看，出書組與未出書組的平均場次相距幅度十分驚人，或可從中看到出書成為「作家」之後的差異。

2．在最密集的時候，您一個月曾經主講幾場公開講座？

	總和組	出書組	未出書組
11場～15場	1人	1人	0人
6場～10場	7人	6人	1人
1場～5場	56人	42人	14人
0場	54人	8人	46人
平均	1.595場，樣本數118	2.789場，樣本數57	0.479場，樣本數61

3．平均而言，您主講的公開講座，每小時提供的酬勞是幾元？
（如果主辦單位不提供來往交通費，請先扣掉交通成本之後再除以時數）

	總和組	出書組	未出書組
2,501元以上	2人	2人	0人
2,001元～2,500元	2人	2人	0人
1,501元～2,000元	33人	26人	7人
1,001元～1,500元	7人	6人	1人
501元～1,000元	10人	9人	1人
0元～500元	14人	5人	9人
平均	1,261.765元，樣本數68	1,429元，樣本數50	797.22元，樣本數18

從這一題我們可以看到，出書組不僅比未出書組有更高的機會被邀約，連每小時平均的酬勞都有很大的差異。而以公家機關每小時一千六百元為標準來看，各組的平均值都是未達標的（按：每小時一千六百元為二〇一六年的標準，現在已調升至每小時兩千元）。另外

一個值得注意的是，未出書組填答的樣本數僅有十八個，填答率偏低，可能也是受到邀約機會不多的影響。

4．您主講的公開講座裡，酬勞最高的場次是每小時幾元？

（如果主辦單位不提供來往交通費，請先扣掉交通成本之後再除以時數）

	總和組	出書組	未出書組
8,001元以上	2人	2人	0人
6,001元～8,000元	1人	1人	0人
4,001元～6,000元	7人	7人	0人
2,001元～4,000元	13人	12人	1人
0元～2,000元	39人	26人	13人
平均	2,392.468元，樣本數62	2,800元，樣本數48	995.214元，樣本數14

此題探測最高講座酬勞，未出書組填答率仍然偏低。且相較於出書組的平均數字大幅

增加，未出書組的增加十分有限。

5．您主講的公開講座裡，酬勞最低的場次是每小時幾元？

（如果主辦單位不提供來往交通費，請先扣掉交通成本之後再除以時數）

	總和組	出書組	未出書組
1,501元～2,000元	7人	6人	1人
1,001元～1,500元	3人	3人	0人
501元～1,000元	16人	15人	1人
0元～500元	33人	23人	10人
平均	528.814元，樣本數59	602.128元，樣本數47	241.667元，樣本數12

本題詢問最低講座酬勞經驗，除上述數字外，曾主講「零酬勞」講座之樣本共有二十九人，占填答樣本的四九%。其中出書組二十人，未出書組九人。

6．平均而言，您一年會擔任幾場文學獎的評審？

	總和組	出書組	未出書組
7場以上	1人	1人	0人
4場～6場	14人	14人	0人
1場～3場	27人	22人	5人
0場	61人	20人	41人
平均	1.171場，樣本數103	2場，樣本數57	0.143場，樣本數46

「文學獎評審」是另一重要收入來源，並且是一個可以對下一代創作者再生產自己的文學理念之場合。但以本次的調查來說，無論哪一組，擔任評審的平均機會都很低，高達六十一人填答零場。其中未出書組有四十一人填答零場，為該組的八九．一％。

7．在最密集的時候，您一個月會擔任幾場文學獎的評審？

	總和組	出書組	未出書組
4場	1人	1人	0人
3場	9人	9人	0人
2場	10人	9人	1人
1場	21人	17人	4人
0場	63人	21人	42人
平均	0.692場，樣本數104	1.157場，樣本數57	0.127場，樣本數47

8．您目前擔任過的最高層級文學獎評審，屬於哪一位階？

		總和組	出書組	未出書組
全國性文學獎	決審	6人	6人	0人
	初、複審	19人	18人	1人
地方性文學獎	決審	0人	0人	0人
	初、複審	5人	4人	1人
跨校大學文學獎	決審	2人	1人	1人
	初、複審	0人	0人	0人
單一大學文學獎	決審	10人	6人	4人
	初、複審	4人	4人	0人
跨校中學（含以下）文學獎	決審	2人	1人	1人
	初、複審	0人	0人	0人
單一中學（含以下）文學獎	決審	0人	0人	0人
	初、複審	1人	1人	0人
無擔任評審經驗		71人	17人	54人
總人數		120人	58人	62人

從這一題當中，我們可以大致得知本次參與調查者處於文壇的位置分布。其中大約有四成至少參與過一次評審。

9．平均而言，您擔任文學獎評審工作時，每場酬勞是多少元？

（如果主辦單位不提供來往交通費，請先扣掉交通成本之後再除以時數）

	總和組	出書組	未出書組
10,001元以上	7人	7人	0人
8,001元～10,000元	3人	3人	0人
6,001元～8,000元	3人	3人	0人
4,001元～6,000元	7人	6人	1人
2,001元～4,000元	11人	8人	3人
0元～2,000元	12人	6人	6人
平均	5,447.674元，樣本數43	6,551.515元，樣本數33	1,805元，樣本數10

10．在您擔任文學獎評審工作時，單場最高酬勞是多少元？

（如果主辦單位不提供來往交通費，請先扣掉交通成本之後再除以時數）

	總和組	出書組	未出書組
25,001元以上	5人	5人	0人
20,001元～25,000元	1人	1人	0人
15,001元～20,000元	7人	7人	0人
10,001元～15,000元	5人	5人	0人
5,001元～10,000元	5人	3人	2人
0元～5,000元	17人	10人	7人
平均	11,707.5元，樣本數40	14,293.548元，樣本數31	2,800元，樣本數9

11．在您擔任文學獎評審工作時，單場最低酬勞是多少元？

（如果主辦單位不提供來往交通費，請先扣掉交通成本之後再除以時數）

	總和組	出書組	未出書組
6,001元～8,000元	1人	1人	0人
4,001元～6,000元	8人	8人	0人
2,001元～4,000元	14人	12人	2人
0元～2,000元	20人	13人	7人
平均	2,562.791元，樣本數43	2,979.412元，樣本數34	988.889元，樣本數9

從上述三題中，我們可以大致一窺文學獎評審的待遇。在「最高酬勞」的「出書組」中，數字分布頗為分散，或可將此一指標作為測量文壇地位的參考數值。

12．平均而言，您一年會有多少篇文學創作以外之「其他文字作品」發表？

	總和組	出書組	未出書組
31篇以上	7人	1人	6人
21篇～30篇	4人	3人	1人
11篇～20篇	7人	5人	2人
1篇～10篇	56人	33人	23人
0篇	38人	12人	26人
平均	8.46篇，樣本數112	9.167篇，樣本數54	7.802篇，樣本數58

13．在最密集的時候，您一個月會有多少篇文學創作以外之「其他文字作品」發表？

	總和組	出書組	未出書組
16篇以上	2人	1人	1人
11篇～15篇	2人	1人	1人
6篇～10篇	9人	3人	6人
1篇～5篇（含1篇）	62人	40人	22人
1篇以下	39人	10人	29人
平均	2.83篇，樣本數114	3.145篇，樣本數55	2.536篇，樣本數59

上述兩題測量「其他文字作品」的用意，在於測量廣義的「文字工作」占寫作者職涯中的重要性如何，並且可與「文學作品」的發表狀況對照比較。

14．平均而言，文學創作以外之「其他文字作品」的稿費是每字多少元？

	總和組	出書組	未出書組
5元以上（含5元）	3人	3人	0人
3元～5元（含3元）	2人	1人	1人
1元～3元（含1元）	33人	25人	8人
不到1元	20人	7人	13人
平均	1.817元，樣本數58	2.547元，樣本數36	0.623元，樣本數22

相較於「文學作品」發表時，無論哪組都平均在每字一元左右的穩定「行情」，「其他文字作品」的價碼顯然拉得比較開，高者更高、低者更低。

15．在您的經驗裡，文學創作以外之「其他文字作品」的最高稿費是每字多少元？

	總和組	出書組	未出書組
5元以上（含5元）	9人	8人	1人
3元～5元（含3元）	10人	8人	2人
1元～3元（含1元）	30人	19人	11人
不到1元	9人	2人	7人
平均	4.777元，樣本數58	6.097元，樣本數37	2.452元，樣本數21

16．在您的經驗裡，文學創作以外之「其他文字作品」的最低稿費是每字多少元？

	總和組	出書組	未出書組
2元以上（含2元）	3人	3人	0人
1元～2元（含1元）	17人	14人	3人
不到1元	37人	19人	18人
平均	0.740元，樣本數57	1.003元，樣本數36	0.276元，樣本數21

值得注意的是，「其他文字作品」的「平均最低」稿費，大約就等於文學作品的「平均稿費」。顯見文學作品的稿費其實普遍是偏低的。

五、整體收入概況

1．依照上述的區分，您每月平均的「文學作品收入」大約是幾元？

	總和組	出書組	未出書組
15,000元以上	2人	2人	0人
10,000元～14,999元	5人	4人	1人
5,000元～9,999元	8人	8人	0人
0元～4,999元	59人	32人	27人
平均	2,877.5元，樣本數74	3,811.957，樣本數46	1,342.321元，樣本數28

2．依照上述的區分，您單月最高的「文學作品收入」大約是幾元？

	總和組	出書組	未出書組
100,000元以上	5人	4人	1人
80,000元～99,999元	1人	0人	1人
60,000元～79,999元	3人	3人	0人
40,000元～59,999元	6人	3人	3人
20,000元～39,999元	13人	9人	4人
0元～19,999元	52人	31人	21人
平均	20,977.405元，樣本數80	33,960元，樣本數50	1,936.267元，樣本數30

3．依照上述的區分，您單月最低的「文學作品收入」大約是幾元？

	總和組	出書組	未出書組
4,00元以上	2人	2人	0人
3,000元～3,999元	1人	0人	1人
2,000元～2,999元	2人	2人	0人
1,000元～1,999元	3人	2人	1人
0元～999元	66人	37人	29人
平均	341.781元，樣本數74	383.721元，樣本數43	281.667元，樣本數31

以上三題，旨在描述文學創作者從文學作品的發表中可以得到多少收入。值得注意的是，「單月最高收入」是計入文學獎得獎獎金的。

4．依照上述的區分，您每月平均的「文學相關收入」大約是幾元？

	總和組	出書組	未出書組
20,000元以上	5人	5人	0人
15,000元～19,999元	2人	2人	0人
10,000元～14,999元	4人	3人	1人
5,000元～9,999元	5人	4人	1人
0元～4,999元	38人	18人	20人
平均	4,655.393元，樣本數54	6,563.636元，樣本數32	1,793.027元，樣本數22

5．依照上述的區分，您單月最高的「文學相關收入」大約是幾元？

	總和組	出書組	未出書組
100,000元以上	3人	1人	2人
80,000元～99,999元	1人	1人	0人
60,000元～79,999元	2人	2人	0人
40,000元～59,999元	5人	5人	0人
20,000元～39,999元	13人	12人	1人
0元～19,999元	33人	15人	18人
平均	24,192.983元，樣本數57	28,597.222元，樣本數36	16,642.857元，樣本數21

6．依照上述的區分，您單月最低的「文學相關收入」大約是幾元？

	總和組	出書組	未出書組
4,000元以上	2人	2人	0人
3,000元～4,999元	4人	2人	2人
2,000元～3,999元	1人	1人	0人
1,000元～2,999元	4人	3人	1人
0元～999元	46人	28人	18人
平均	903.59元，樣本數57	1,186.111元，樣本數36	419.048元，樣本數21

在以上三題中，我們測量的是講座、評審等文學活動所能帶來的收入。在平均收入上，這個項目是比稿費更豐厚的來源。

7．您每月平均的總收入大約是幾元？

	總和組	出書組	未出書組
200,000元以上	2人	2人	0人
150,000元～199,999元	0人	0人	0人
100,000元～149,999元	4人	3人	1人
50,000元～99,999元	14人	10人	4人
0元～49,999元	41人	24人	17人
平均	44,557.377元，樣本數61	55,153.846元，樣本數39	25,772.727元，樣本數22

8．您單月最高的總收入大約是幾元？

	總和組	出書組	未出書組
200,000元以上	6人	5人	1人
150,000元～199,999元	3人	3人	0人
100,000元～149,999元	7人	6人	1人
50,000元～99,999元	15人	10人	5人
0元～49,999元	26人	12人	14人
平均	102,885.965元，樣本數57	130,861.11元，樣本數36	54,928.571元，樣本數21

9．您單月最低的總收入大約是幾元？

	總和組	出書組	未出書組
100,000元以上	1人	1人	0人
80,000元～99,999元	1人	1人	0人
60,000元～79,999元	4人	3人	1人
40,000元～59,999元	6人	3人	3人
20,000元～39,999元	11人	8人	3人
0元～19,999元	36人	21人	15人
平均	19,391.525元，樣本數59	21,662.162元，樣本數37	15,572.727元，樣本數22

上三題調查的是總收入，以此作為基準，便可衡量文學創作者的收入有多少比例來自文學以外的「外務」（或說職業意義上的「本業」）。

六、認知與期望

1．發表文章時，最低每字多少元的稿費，會讓您覺得付出得到了基本的回報？

	總和組	出書組	未出書組
5元以上（含5元）	3人	2人	1人
3元～5元（含3元）	8人	5人	3人
1元～3元（含1元）	79人	39人	40人
不到1元	15人	5人	10人
平均	1.515元，樣本數105	1.708元，樣本數51	1.333元，樣本數54

2．發表文章時，超過每字多少元的稿費，會讓您覺得這是優渥的報酬？

	總和組	出書組	未出書組
10元以上（含10元）	6人	3人	3人
8元～10元（含8元）	2人	1人	1人
6元～8元（含6元）	1人	0人	1人
4元～6元（含4元）	26人	13人	13人
2元～4元（含2元）	55人	29人	26人
不到2元	18人	6人	12人
平均	4.206元，樣本數108	3.454元，樣本數52	4.916元，樣本數56

這兩題合併起來，是為了測量寫作者期望獲得的稿費及期待的落差。有趣的是，出書組所期望的數字普遍比未出書組的低。

3．出版書籍時，最低幾%的版稅率，會讓您覺得付出得到了基本的回報？

	總和組	出書組	未出書組
超過10％	27人	11人	16人
10％	51人	35人	16人
5％∼9％（含5％）	19人	8人	11人
0∼5％	5人	2人	3人
平均	13％，樣本數102	12％，樣本數56	15％，樣本數46

4．出版書籍時，超過幾%的版稅率，會讓您覺得這是優渥的報酬？

	總和組	出書組	未出書組
20%以上	34人	15人	19人
15%～19%	34人	21人	13人
10%～14%	30人	19人	11人
5%～9%	3人	1人	2人
1%～5%	1人	0人	1人
平均	20%，樣本數102	18%，樣本數56	21%，樣本數46

再一次，在版稅這一方面，出書組的期待仍比未出書組低。但無論哪一組的期望，似乎都距離實際的數字有段不小的差距。

5．出版書籍時，最低幾本的首印量，會讓您覺得出版社給予了基本的重視？

	總和組	出書組	未出書組
5,001本以上	3人	1人	2人
4,001本～5,000本	1人	0人	1人
3,001本～4,000本	3人	1人	2人
2,001本～3,000本	9人	5人	4人
1,001本～2,000本	34人	23人	11人
0本～1,000本	60人	28人	32人
平均	2,705.464本，樣本數110	1,693.103本，樣本數58	3,834.635本，樣本數52

6．出版書籍時，超過幾本的首印量，會讓您覺得出版社對這本書十分重視？

	總和組	出書組	未出書組
5,001本以上	9人	1人	8人
4,001本～5,000本	16人	8人	8人
3,001本～4,000本	7人	7人	0人
2,001本～3,000本	28人	17人	11人
1,001本～2,000本	27人	15人	12人
0本～1,000本	24人	10人	14人
平均	48,382.892本，樣本數111。扣除離群值樣本1個，為3,368.192本	2,875.862本，樣本數58	98,138.038本，樣本數53。扣除離群值樣本1個，為3,917.327本

在首印量的期望上，出書組和未出書組對「基本的重視」的理解相差了一倍。

以上為大致的問卷統計結果。這批數據雖然有侷限性，但你仍可從中窺知「作家」這份職業的輪廓。把其中幾條數字背起來，也許還可以拿來應對一些尷尬場合呢。當然，也必須提醒的是，總體的數據未必能完全符應個案的情況。你自己會遭遇什麼事情，還是充滿各式各樣變數的。但這些數據可以給你一些「感覺」，讓你大致知道自己在結構中的什麼位置，而不至於低估或高估自己，不至於看輕或看歪他人。

後話——文壇的「軌道」與「轉轍器」

德國社會學家韋伯（Max Weber）有一段著名的文字：

直接支配人類行為的是物質上與精神上的利益，而不是理念。但是由於「理念」所創造出來的「世界圖像」，常如鐵道上的轉轍器，決定了軌道的方向，在這軌道上，利益的動力推動著人類的行為。人們希望「自何處」被拯救出來，希望被解救到「何處去」，以及——讓我們也別忘了——「要如何」才能被拯救，這些問題的解答全在個人的世界圖像。

這段談的是宗教，但我認為完全可以挪用在大多數社會場域裡，包括「文壇」。「利益」被比喻為「軌道」，是一切事物前進的動力；「理念」被比喻為「轉轍器」，決定了事物前進的方向。韋伯透過這段文字，呈現出人類行為的完整圖像：人類確實被利益驅動，但只靠利益沒有辦法解釋人類所有的行為；人類確實也受到理念的吸引，但沒有利益的軌道，事情也不可能一直運轉下去。

從二〇一八年底，我開始透過募資計畫來撰寫「作家的新手村」系列文章之後，我便常常想起這段文字。在關於「作家」或「文壇」的討論上，人們習慣直接認定，這是一個「只有理念、沒有利益」的場域。不管是憂心忡忡的家長、勢利眼的親戚，還是充滿文學夢想的青年，在這一點上是有共識的——差別只在，有文學夢想的人願意「犧牲」。

但如果這套共識是真的，就無法解釋：為什麼每年都在喊窮的文學出版業界，仍然能夠保有一定數量的「專職作家」，而且此一傳統可以長久運作不輟。「專職作家」的數量或許不多，待遇也比不上其他行業——作家之中，收入最頂級的精英，是不可能跟同樣等級的半導體精英或銀行業精英相比的——，但也並不是統統落在社會底層。

然而，「只有理念、沒有利益」這類並不為真的想法，卻又會發揮轉轍器的作用，影響作家的生涯：作家如何打造自我形象、如何工作議價、遇到榮耀或困厄時會做出什麼選擇。由此說來，「只有理念、沒有利益」的概念，卻又是貨真價實地存在了。

因此，我希望能在「作家的新手村」系列兩本書中，把文壇的「軌道」跟「轉轍器」運作的樣子描摹出來。相比之下，《作家生存攻略——作家新手村1技術篇》比較偏向「軌道」，動不動就談錢；《文壇生態導覽——作家新手村2心法篇》則比較偏向「轉轍器」，想從晉升路徑和文化價值觀的層面，捕捉文學人的言行邏輯。

也許你會發現，我在《作家生存攻略——作家新手村1技術篇》裡，筆調比較中性，我很少批評業主開的價碼對不對，多半是直說「現實如此」；而在《文壇生態導覽——作家新手村2心法篇》這本書，則有更高比例的臧否。原因就在於，我認為現在的轉轍器會把我們帶到歪斜的地方去。過度強化「只有理念、沒有利益」的概念，最終將造成文學人的自我神聖化，反而會使得寫作者跟應當關注的社會現實越來越遠，也使得許多腐敗與墮落找到藉口——我都不計得失投身文學了，就算有點不道德、常常不努力，又算得上什麼？小到演講不準備，大到整天仇女、以文學掩蓋歷史罪行，都可以透過自我神聖化而遮蔽起來。

軌道鋪下去了，就很難猝然改變。但轉轍器相對容易調整。

在《作家生存攻略——作家新手村1技術篇》一開頭，我談到了《惡靈古堡2》這個遊戲。現在，或許也能以遊戲暫時終止這場漫長的談話。我為李奕樵的《遊戲自黑暗》寫推薦序時，有一個段落，大致是這樣的：

我們已經不是白先勇那個天真年代的人了，什麼「文學是大寫的」這種話是很難昧著良心說出口的，因為我們知道這個世界上的才華分配，並沒有獨厚文學人。面對了不起的遊戲設計師、電競選手、刀匠和壽司師傅的時候，你會很清楚自己必須非常非常努力，才能讓你戮力從事的東西，勉強及得上「無須羞愧」的水準。

當我看過《超級瑪利歐．奧德賽》精巧的謎題設計、看過《薩爾達傳說：曠野之息》詩意的山谷河海、看過《底特律：變人》縝密的情節運算、看過《最後生還者》深沉的人性表達，我就再也沒辦法相信某些文學人的自吹自擂了。文學人輸得可多了。我們輸了現實，也輸了想像；我們或許可以不在乎市場，但我們也未必比這些暢銷作品，多觸及到什麼人心的深度、多進行了怎樣的形式實驗。遊戲讓我懷疑起每一個我讀過的文學理論——那些我們懸而未定的爭論，在遊戲裡似乎早有了更好的實踐。

我不知道這到底是我想得太多，還是想得太晚。但我想從最基本、且台灣作家一直做不太好的事情開始：正視現實。在正視廣大的社會現實前，先學著正視自己的現實。讓我們對「文壇」、「作家」、「讀者」、「市場」、「產業」這些概念，保持著比較公允的敬意。不因為它們有什麼傳統的榮耀而尊重，而是因為它們如它們所是，這就值得尊重。等到我們可以踏實地認識世界之後，也許就能一點一點把落後的分數追回來。

韋伯說：「『要如何』才能被拯救，這些問題的解答全在個人的世界圖像。」如果韋伯是對的，那我們此刻的一切努力，這些「重新認識你自己」的思考，就不會完全沒有意義了吧。新手村只是遊戲最開始的階段而已，接下來還有好多關卡要過呢。這一路上，你必得打怪、練等、組隊、撿寶、開副本、反覆推王，你的手速和大局觀都會受到考驗。希望這趟旅程，已幫你建立一套可以解決部分問題的「世界圖像」了。

祝你好運：可以的話，我們來日再見。

國家圖書館出版品預行編目 (CIP) 資料

文壇生態導覽：作家新手村 . 2, 心法篇 / 朱宥勳著 . -- 初版 .
-- 臺北市 : 大塊文化 , 2020.09
面；　公分 . -- (from ; 133)
ISBN 978-986-5549-04-6 (平裝)

1. 職業介紹 2. 作家 3. 通俗作品

542.76　　109011704

LOCUS

LOCUS

LOCUS

LOCUS